世界大学女校长◆女子大学丛书

国家出版基金项目
NATIONAL PUBLICATION FOUNDATION

世界大学女校长 ◆ 女子大学丛书
Series on World Women University Presidents & Women's Universities

HUICHUNRU ZHANGLIXI

回春茹 张李玺

中华女子学院院长

唐觐英 阮婕妤 著

中国传媒大学出版社
Communication University of China Press
·北京·

总　序

百年大计，教育为本。世界各国的经验表明，强国梦必须有科教梦做支撑。科教兴国是中国的基本国策，是从教育大国到教育强国、从人口大国到人力资源强国的必由之路。高等教育处于教育体系的顶端，是联结科技与教育的重要桥梁。衡量一个国家科技和教育水平的高低，在很大程度上要看这个国家高等教育的水平。

回顾大学的发展历史，我们不难发现，一所大学办学质量的高低往往取决于校长的水平。世界著名大学发展的每个重要阶段都铭刻着大学校长的办学理念和思想，正如艾略特之于哈佛大学，蔡元培之于北京大学，梅贻琦之于清华大学。研究大学校长的办学理念和思想，是管窥一所大学兴衰成败的途径，而专门研究大学女校长，则独辟蹊径，别开生面。

在中国现代教育史上，大学校长虽以男性居多，而成就卓著的女校长也不乏其人。她们推动了大学的变革，丰富了大学的精神内涵，如金陵女子大学老校长吴贻芳，复旦大学前校长谢希德，东南大学前校长韦钰，同济大学前校长吴启迪，等等。女校长虽然屈指可数，但其业绩丝毫不逊于男性同行。大学女校长为高等教育的发展注入了活力，作出了贡献。大学女校长的治校理念、办学风格乃至传奇的职业生涯，确实值得深入研究和细致品味。

女子大学是高等院校序列中的一种特有形式，为世界高等教育的发展做出了重要贡献。著名的女子大学，如韦尔斯利学院、史密斯学院、淑明女子大学、日本女子大学、御茶之水女子大学，以及中国历史上的金陵女子大学、北京女子师范大学、华南女子大学等，都在教育史上留下了光辉的篇章，是世界高等教育的重要组成部分。研究世界各国女子大学，总结提炼女子高等教育的办学经验和人才培养模式，探索现代女性接受高等教育的多样化形式，对于寻求符合女性特质的教育理念和教育方法，应该说是一种有益的尝试。

由中国传媒大学承担的教育部重大委托项目——"完善中国现代大学制度视域中世界女子高等教育及大学女校长群体研究"课题，对以上两个领域进行了系统深入的研究。"世界大学女校长·女子大学"丛书就是这一课题的主要成果。这套丛书分为四个系列：女子高等教育系列，考察全球女子高等教育的发展轨迹，呈现其办学传统和教育特色；中外大学女校长个案研究系列，以人物传记的形式深度追踪大学女校长的人生经历，剖析她们的成长历程、心智历练、办学理念和治校方略；女校长群体研究系列，群像式描绘某一国家或地区的大学女校长群体，在彰显女校长个性的同时，探寻她们的共性；"世界大学女校长论坛"图文集锦系列，汇集展示了大学女校长在历届论坛上的真知灼见和绚丽风采。四个系列，四十余本，蔚为大观。

"世界大学女校长·女子大学"丛书也是"世界大学女校长论坛"历时十三年深入研究高等教育及女性培养结出的硕果，是深化论坛主旨、促进女性事业和教育事业发展的学术行动。丛书的写作依托"论坛"这一平台，对参加过论坛的大学女校长进行了深度访谈和研究，系统整理了多年积累的学术成果，可以说，"论坛"既是女校长们交流合作的舞台，也是本套丛书得以出版的重要基础。

　　自1995年第四次世界妇女大会在北京召开以来，世界妇女运动取得了长足的进展，性别平等的高端主题——女性领导力，也已经是全球关注的议题，与女性学相关的课程在中国高校已经四处开花。今天，有识之士都深刻认识到，女性在社会各个领域的创造力和领导力是推动社会全面发展的动力之一，也是人类文明进步的重要标尺。"世界大学女校长·女子大学"丛书对于提升女性领导力具有重要的参考价值，对于知识女性的成长具有积极的引导意义。

　　大学女校长是高等教育、女性、领导力的集结点，是知识女性的杰出代表，是自尊、自信、自立、自强的典型，她们不但为高等教育的发展做出了应有的贡献，更以自己坚忍顽强、宽厚包容、无私奉献的品质与情怀，阐释了女性领导力的独特内涵。对于广大女性来说，她们是教育典范和女性楷模，具有榜样的力量和示范的价值，定能引领青年女性沿着正确的道路勇敢前行。

　　女性的发展既需要社会各方面的支持，更需要女性自身具备积极进取的意志和宽广博大的胸怀。希望丛书的研究成果能产生广泛和深远的影响，为女性高等教育提供宝贵借鉴，为精英女性的成长与成功提供智力支持；引导全社会更加重视女性的教育接受权和职业发展权；激励正在为打破"玻璃天花板"而奋斗的新一代女性，为培育与提高女性领导力奠定坚实基础。

　　是为序。

陈至立

2014年7月

前　言

我在中国传媒大学工作近五十年,其中有三十多年在学校领导岗位上任职。这些经历让我有更多的机会体悟、思考女性接受高等教育的重要性和女性走向领导岗位的不易。

早在1996年,我即萌生组织世界各国为数不多的大学女校长进行交流合作的想法,但当时忙于学校的学科建设和转型,这一想法被搁置下来。直到2001年,在诸多同事的帮助下,我才将这一构想变成现实,召开了大学女校长"新世纪高等教育发展战略国际论坛"。此后,论坛每隔两至三年举办一次。2006年,论坛挂靠中国教育国际交流协会组建了世界大学女校长论坛组委会,负责论坛的筹划、组织工作;2009年,在江苏有关部门的关心和支持下,江苏中外大学女校长教育发展基金会成立,为论坛筹集资金。迄今,世界大学女校长论坛已在中国北京、南京、厦门举办5届,并在新西兰、日本、美国、土耳其、津巴布韦和墨西哥等地召开6次分论坛,吸引了79个国家的800余名大学女校长。

十年来,在与各国大学女校长的交流互动中,我深刻地感受到,高等教育领域中的女性决策者和领军者可谓凤毛麟角,其人生历练和办学实践值得浓墨重书。翻阅每位女校长的简历,细读她们给论坛提交的论文,总能激起我发自内心的共鸣,我由衷地赞佩她们的治校理念、管理智慧和人格魅力。每一位女校长都拥有鲜为人知的心路历程、卓尔不凡的领导能力与应永载史册的辉煌业绩。

我的一位好友、著名女性传记作家赵凤翔教授曾说:"女人要写女人。"这给了我很大启发——女校长要研究女校长。因此,回溯大学女校长成长、成才、成功的道路,总结女性领导力的形成规律和独特优势,开展大学女校长及女性领导力研究,出版相关研究成果,就成为"世界大学女校长论坛"活动的自然延伸。

2010年,我们筹划设立了"完善中国现代大学制度视域中世界女子高等教育及大学女校长研究"课题,组织来自中国传媒大学等单位的80余人的研究团队,选定34个国家的80余位大学女校长,进行个案研究和群像描绘;对23个国家的女子大学进行历史梳理与全面考察。2011年,这一课题获得教育部人文社科重大委托项目立项;2013年,由该课题主要研究成果结集而成的"世界大学女校长·女子大学"丛书获得国家出版基金资助。

这套丛书由四个系列组成,具有三个鲜明特点。四个系列:女子高等教育系列、中外大学女校长个案研究系列、女校长群体研究系列和"世界大学女校长论坛"图文集锦系列。三个特点:一是全景式描述。丛书首次对世界范围内大学女校长及女子高等教育进行了比较全面的观照和挖掘。女校长研究既有共性的揭示与比较,又有个性的剖析与呈现;女子高等教育研究既有全球视野的巡礼,又有分具体国别的探究。二是人物传记式的写作方法。丛书以采访当事人、发掘第一手资料为基础,研究和写作的过程力求再现传主的人生轨迹、突出其办学理念和治校业绩。三是可读性强。传主的真知和作者的匠心历历可见,读者能够在图文并茂的讲述中感受到智慧和灵感的融会。

这套丛书是对女性通过教育追求真善美、通过自身努力彰显智仁勇的真实颂扬。著名女作家冰心曾说:这个世界如果没有女人,就会失去十分之五的真、十分之六的善、十分之七的美。女性不仅是真善美的化身,也应是智仁勇的写照。阅读这套丛书,我们可以了解到,女性如何通过交流互鉴,凝聚智慧、取得共识;如何通过体认困境,直面现实、自立自强;如何通过付诸行动,同心同力、坚持不懈。

这套丛书是对"女性是改造世界的温柔力量"的生动诠释。置身于男性居主导地位的社会管理体系中,女性要取得成功,需要充分展现女性特质,发挥女性优势,以女性特有的视角观察、思考、解决问题。阅读这套丛书,我们可以看到女校长们在战略决策上,高瞻远瞩,运筹帷幄,引领未来;在具体工作中,体贴入微、心系师生,用愿景激励师生,用行动引导师生,用厚德包容之心协理校务;在领导风格上,追求完美和精致,重视以人为本,于管理中实现个人发展与事业发展的契合。

这套丛书是对高等教育及大学女校长社会价值的全面展示。众所周知,高等教育是形塑社会结构及价值体系的重要载体,大学校长是具有社会象征、示范和引导意义的特殊群体。女性接受高等教育、女性担任大学校长,在改变高等教育生态的同时,也在潜移默化地影响着社会结构变迁、家庭角色分工、社会责任担当、时代价值导向。阅读这套丛书,我们可以看到女子高等教育和大学女校长任职情况的发展历程正是社会不断进步、两性趋于平等的见证,而女校长们成长的艰辛和不易也呼吁现代社会迈向更加平等、公正、和谐的完善之路。

丛书已然油墨飘香,感激的话语也充溢心头。感谢江苏中外大学女校长教育发展基金会为项目提供启动经费,感谢教育部将此课题列为人文社科重大委托项目,感谢国家新闻出版广电总局提供国家出版基金资助。特别感谢第十一届全国人大常委会副委员长、第十届全国妇联主席陈至立女士担任项目和丛书的总顾问,并欣然作序。

　　感谢这套丛书的传主、作者和编审们，他们在繁忙的本职工作之余见缝插针，千方百计地保证了任务的圆满完成。传主们倾力支持，积极配合；作者们夜以继日，数易其稿；编审们孜孜不倦，精益求精。这种认真负责的精神，令人感叹。课题跨越四载，屡遭挫折，历尽艰辛，常常使我们困扰于"山重水复疑无路"，而殚精竭虑之后的新意迭出，又使我们惊喜于"柳暗花明又一村"。我相信，不久的将来，作者之中定会有著名的传记作家、女性研究专家脱颖而出。

　　感谢中国传媒大学文科科研处、出版社为项目的完成和丛书的出版提供了有力保障。丛书煌煌五十本，从策划、组织、申报、撰写到编辑、装帧，学校教师及出版社职工都是主力军，都是可靠、堪用、高效的突击队。如今项目和丛书按期完成、保质保量出版，我要向他们衷心致谢！

　　任何一项事业都是"一人启其端，百人扬其华"。我只是一个组织者、牵线者，项目得以完结、丛书得以问世，应归功于各位热心的支持者、参与者。让每一位年轻的女性都能自由地筑梦、勇敢地追梦、幸福地圆梦，是我最乐意为之奔忙的事业。我们期待有更多的有识之士能参与到这项有意义的工作中来。

刘继南

2014年7月于北京

张李玺

　　1953年出生，社会学博士，教授，博士生导师，享受国务院政府特殊津贴专家。中华女子学院第二任院长。发表了《父权制的复苏和中国妇女的回应》《妇女的经验和妇女心理》《定性研究：女性主义研究的一个范式》等多篇影响较大的中英文论文；出版了《女性心理学》《家庭社会学》《角色期望的错位：婚姻冲突与两性关系》等专著。曾兼任中国妇女研究会副会长、北京婚姻家庭学会副会长。

Born in 1953,Ph. D in Sociology, professor and doctoral supervisor, an expert receiving special governmental allowance of State Council. The second president of China Women's University. She is the author of many influential papers in Chinese or English language, such as *the Recovery of Patriarchy and the Response of Chinese women, Women's Experience and Women's Psychology*, and *the Qualitative Research: A Paradigm of Feminist Research*. She has authored the books *Female Psychology, Sociology of Family, the Dislocation of the Role Expectation: Marital Conflict and Gender Relationship*, etc. Zhang Lixi once concurrently served as vice president of China Society of Women's Studies, and vice president of the Beijing Association of Marriage and Family.

目　录

引 子

　　与新中国同期诞生的"女性人才成长的摇篮",在半个多世纪中走过了妇女职业学校、妇女干部学校、妇女成人高校、妇女管理干部学院等几个发展阶段,并在1995年联合国第四次世界妇女大会唱响北京的时代强音中昂首跨入普通高等院校行列,实现了迁址、扩建、更名、升格的几大目标,成为面向全国招生的第一所女子普通高校——这就是中华女子学院。

　　中华女子学院位于中国首都北京。抵达北京首都国际机场后,从机场出发,沿"国门第一道"进入北四环,很快可以到达这所大学——北京市朝阳区育慧东路1号院。走进刻有"中华女子学院"校名的校门,首先映入眼帘的是在阳光下熠熠生辉的八个大字"崇德、尚美、博学、至爱"。穿过音乐喷泉进入主楼大厅,"自尊、自信、自立、自强"的红色横幅格外醒目——这是名誉院长、原全国人大常委会副委员长、全国妇联主席陈慕华题写的女院校训。大厅正中,原国家副主席宋庆龄的汉白玉石雕像慈祥端庄，令人肃然起敬。主楼西侧，现代化的教学图书大楼与学生公寓之间，一湖清澈的碧水倒映着高楼绿柳、蓝天白云。湖岸边，满树繁花幽香怡人，卵石小路蜿蜒伸展。晨曦下，清晰悦耳的读书声从林间传出，刚劲而不失柔美的身影在操场跃起……

如诗如画的校园，令人神往的地方。如今，这座中国妇女的最高学府已经成为全国各地优秀学生追梦的殿堂。每年9月，都有一千多名以高分被录取的女高中毕业生走进校门，开始梦想中的大学生活。每年7月，都有一千多名品学兼优的本、专科毕业生走出校门，为就业、创业和深造继续拼搏。

在跨世纪的20年中，这座校园每年同期就读的近7 000名女大学生，她们是怎样生活、怎样学习、怎样成长、怎样圆梦的呢？她们的带路人、中华女子学院的两位校长回春茹、张李玺，先后各用10年、共计20年的跨世纪办学治校经历，给出了生动具体而确切的答案。

上篇　回春茹

第一章　欣欣向荣　矢志教育
　　　　春风化雨

回春茹1946年出生于东北地区的辽宁省沈阳市。日本帝国主义的长期侵略和占领使东北人民饱受痛苦和折磨。在这片土地上成长的回春茹自幼便萌生了民族大爱。

回春茹家中世代信奉伊斯兰教。父亲开办实业，开明、识时务，对"人民当家做主""公有制"等新事物积极拥护。

从回民小学到省实验中学再到北京师范大学

回春茹在家中排行第七，虽然是小妹妹，却一点也不娇气。她聪敏好学，勤奋上进，小学就读的是沈阳市内唯一的回族子弟小学——沈阳市回民小学。1959年，她以十分优异的成绩考入全省重点中学——辽宁省实验中学。

小回春茹不爱闲聊、打闹，喜欢把时间用在读书写字上。她喜欢写日记,写下了很多感想、思考。

她有一支在中学时期陪伴了她六年的手电筒,晚上学校统一熄灯以后,她总要继续学习一段时间,把当天学习的内容再回顾一遍。温故而知新是她信奉的学习方法。

回春茹在中学就读了不少毛泽东著作。她如饮甘霖般地领悟着其中的很多思想、道理,《实践论》《矛盾论》等一些重点篇目、段落、语句她记得特别深,有的段落都能流畅背下来。

辽宁省实验中学在办学上很有特点,学生半年学工、半年学商、半年学农、半年学军,这些给了回春茹非常难忘的体验。学农时到农村掏大粪,在粪池里用脚踩、用手和,把粪堆成一堆一堆的,再往大田里送。一开始,回春茹也嫌臭。后来,知道了"庄稼一枝花,全靠粪当家"的谚语,明白了为了种粮食需要大粪臭的道理,"没有大粪臭,哪来五谷香?"对大粪臭的恶感慢慢释然了。咦,随着心理上的舒展,和大粪的时候也不会再那么强烈地感到恶臭了。

这些经历让她有了一种跟劳动人民打成一片的深刻体验。她深深地爱上了农村!那时也正是全国掀起向邢燕子、董家耕学习的热潮的时期,回春茹一心想向他们学习,因此爱上了农村。这时高考也临近了,但她提出:"不考大学!"

这时的回春茹已是入党积极分子,而且学习成绩优异。学校的张书记对她说:"还是先考大学。考不上,批准你下乡。"

她想:"考大学,就报考中国医科大学。"自己曾在医务室实习,还当过卫生员,学了几天医,给伤员包扎过伤口。她一心憧憬着学好本领,将来为社会服务,帮助患者解除病痛。

张书记说:"为什么一定要报医科大学呢?"

"医科大学治病救人哪！"

"读医科大学、当大夫，你说得不错，但它只是医治人的病痛。而做一名教师，就可以塑造甚至拯救人的灵魂！"

顿时，她感到豁然开朗！"塑造、拯救人的灵魂"几个字给她以极深的印象，她的心中燃起了对教师职业的渴望。

她便问张书记："那组织上希望我怎么做呢？"

"希望你当老师，希望你报考北京师范大学。"

1965年，19岁充满青春活力的回春茹带着憧憬、理想、志向，来到了首都北京，跨入北京师范大学的大门。

北京师范大学是培养人民教师的最高学府，有来自祖国各地的优秀学子。回春茹积极向上，开朗大方，尊敬师长，团结同学，乐于助人，同学们很喜欢和她接触。在同学们的眼中，她在政治、理论上比大家要成熟。她担任小组的组长时，非常注重营造向上的氛围。每周一次的政治学习，她都会认真带着组内的同学们进行学习。

一次，同学进实验室，意外地发现多了很多小标语牌：

"我们要节约每一个铜板，为了中国革命和世界革命""团结、紧张、严肃、活泼""热烈而镇定的情绪，紧张而有秩序的工作""我们都是来自五湖四海，为了一个共同的革命目标，走到一起来了。"……

这些是毛主席语录中的话，在这里，每一句都非常贴切、亲近、有感召力。

牌子是用纸板做的，字迹工工整整，摆放在实验台上，叫人喜爱，像一股热烈、友爱、向上、昂扬的空气流动在玻璃试管、天平、仪器中间，让人有一种心情畅快、振奋鼓舞之感。"是谁做的？这么有心！"同学们不由感叹，心生佩服，后来才知道这些都是回春茹做的。

第二学期团支部改选，回春茹被大家选为团支部组织委员，并通过了考核，即将成为一名共产党员。此后不久，"文化大革命"爆发。由于回春茹的家庭出身，斗争的矛头马上指向了她。中学时代的理论知识学习、社会实践等全面的锻炼让回春茹具备了一定的独立判断能力，她没有盲目地随大流。面对非难、压力，她没有惧怕、苦闷，而是坚强地承受着，她的信仰被擦拭得更加明亮。

回春茹目睹了一些老师在身受不公正待遇、磨难时，于逆境中所表现出的人的尊严。他们对生活的态度，他们因内心的信仰而显示出来的刚毅、自信给回春茹很深的震撼和启迪。刚毅、自信，这是他们最美的地方。回春茹觉得将来自己应该把眼睛看到的这些美的东西教给她的学生。信仰最美。信仰是做人、做事、交往、学习、向上的基石。

风雨洗礼中，回春茹与班上一位来自大别山区的男同学郑先祥结识，由于相同的志趣，他们渐渐走近了。

他们没有随大流。两个年轻人忧虑国家命运前途，更加坚定了发奋求知解惑、探求真理的决心。学校没有了正常的教学秩序，他们就自己看书。每天早上，到食堂领几个馒头、一点咸菜，就进图书馆。图书馆一开门，他们第一个进去，直到晚上关门才离开。开始还看些业务书，后来就主要读马克思主义的书，马克思的《资本论》、恩格斯的《反杜林论》、列宁的《国家与革命》、斯大林的《联共（布）党史》等经典名著，他们都认真精读。他们还读历史书，包括《资治通鉴》《史记》《汉书》，以及历史小说《水浒传》《三国演义》等。他们做了很多笔记，读书、交流、讨论，两个年轻人沉浸在书卷中，思考人生，探索真理。

　　这样的生活过了一年。不知不觉间，他们知识更丰富了，见识更广了，认识事物更加成熟和深入了，理论素养也得到了提高，逐渐能更好地分析一些问题，能更加辩证地、客观地看问题了。这段读书时光进一步培养了他们独立思考的意识和能力。在对政治理论、历史、哲学、文学的学习中，他们更自觉地坚持真理、坚持正义、追求光明，革命的意志也更加坚定了。这些马克思主义著作、历史著作坚定了他们的共产主义信仰，也塑造了他们实事求是的品性。

　　一九六八年春夏之交，回春茹得到了到郊区小学去当老师的实习机会。郊区小学很缺老师，在那里，回春茹用心实践、用心学习。"不学习，将来拿什么教给学生？"回春茹相信乌云终将散去，因此不论在什么时候、遇到什么情况，都积极面对生活、面对人生。

　　历经风雨让回春茹更加坚强、成熟，更加珍惜生命，珍惜蓝天白云。她的信仰更加坚定。

　　1971年末，郑先祥带回春茹回到大别山地区的家乡结婚。回春茹对人生伴侣的选择，当时很多人不理解。郑先祥和她，一个农村的，一个城市的，用别人的话来说，一个是山野村夫，一个则可谓大家闺秀，门不当、户不对。很多人都觉得很奇怪。加上两人的民族也不同，回春茹家里也不同意。但是，回春茹很有主见，她主要看重郑先祥的勤奋好学和善良正直。"就看这两点，其他的都可以放弃。"回春茹说。

　　婚事办得简朴但热烈，回春茹对乡村生活适应得很快，跟全家人相处得很愉快。

从普通教师到全国优秀教师和全国优秀党务工作者

1972年大学毕业后，回春茹和郑先祥被分配到沈阳，两人分别进了两所中学。学校给他们安排的住处是校内一处楼梯下方的一个小间。这个小间只有不到两平方米，刚刚可以让人抬起头来，狭窄、简陋程度可想而知。条件的艰苦没有吓倒两个年轻人，他们很乐观："前辈们住窑洞，我们住楼梯口，都是为了革命，只要有能干革命、干工作、发挥作用的地方，我们无怨无悔。"有了为人民服务的岗位，两个年轻人感到异常兴奋。他们怀着对教育事业的满腔热情，立志在这片天地里锤炼、耕耘，做一名学生喜欢、家长放心的人民教师。

回春茹教化学，还当班主任。她讲课不激昂，慢条斯理，学生听得特别认真。作为班主任，回春茹关心学生成长。她以"从现在做起，从我做起"自勉，每天用心地工作，以高尚的职业道德和精益求精的工作态度耐心细致地培养学生。

回春茹在化学课堂上给学生做实验

回春茹爱学生，对各种各样的学生，都能以一颗博大的爱心去接纳，在她看来，"每一个学生都应该得到百分之百的爱心"。她从来不把学生分为好学生、坏学生。在她的经历中有不少所谓的"问题学生"转变、后来成才的事例。

有个姓马的学生，有打架的习气，远近出名。回春茹为他做了很长时间的思想工作，他发誓再也不打架了。回春茹让他当了小组长，他干得很好。

可是有一天，有人告诉回春茹那个姓马的学生又打架了，身上带着刀，跑回家去了。回春茹在年终会上还以这个学生转变的例子来说明所有的学生都是可以教育好的，这下，有个别老师就议论起来了："看，还是狗改不了吃屎吧！"回春茹出于对学生的爱护和信任，需要尽快了解这个学生再次打架的原因。

她将手中的工作放下，马上赶去这个学生家。这个学生的父母已不在世，他跟着奶奶生活。见到老师来到自己家里，他有些意外，旋即一把抱住老师哭了起来。哭声中，又是委屈，又是羞愧。回春茹安慰他："你不用哭，我不怪你！"

他在哭泣中讲述了当时的情况。原来，以前一起打架的那些人见到他要退出他们的小团体，就把他骗到一个地方，几个人围着他打。他为了保护自己，还了手。后来那些人甚至用刀捅他，他带着别人的刀跑回了家。

听完这些，回春茹为这个孩子所经受的一切感到心痛，也为他没有像别人猜测的那样"重操旧业"而感到欣慰。她帮他擦去泪水，说："我相信你是个好孩子，你说的都是真的，老师为你做主。"后来，经过派出所调查，这个学生所说的确实都是事实。

回春茹用她百分之百的责任心、深入求实的工作作风,用她与学生之间心心相印的交流方法,让一些最初看起来很棘手的事情有了圆满的结局。

此事过后,这个学生更加尊重老师、勤奋好学、团结同学、乐于助人。走上工作岗位后,他以出色的工作能力和正直的为人,取得了很好的成绩。

回春茹非常认同并认真践行教育家陶行知的一句名言:"真正的教育是心与心相映的活动,唯独从心里发出来的才能到达心的深处。"

她对学生,首先从爱护、理解出发。遇到情况,首先了解实际,不偏听偏信,一切从实际出发,信任人、爱护人。

对犯了错的学生,她善于引导他们认识到错误,并将这种认识转化为正面的向上力量。她认为,"没有教不好的学生,只有教不好学生的老师"。

为人师表,处处修身。要求学生做到的,自己都要做到。回春茹以实际行动带动、影响学生,教会他们如何学习、如何生活、如何做人,在工作实践中摸索出了一些行之有效的教育教学方法。她认为,要让学生好好成长,家庭教育也是重要的环节,所以她很注重与学生家长的交流。开家长会,要给学生的父亲、母亲各开一次。她会告诉家长,在家中哪些该做、哪些不该做。

在回春茹的班里,有一个姓佟的学生,这名学生在学校里表现得很好,还是班级里的学习委员,学习成绩非常优秀。一天晚上,这名学生的父亲来到回春茹家里,说孩子如何不听话,他教育不了,让老师帮忙。回春茹原本正在家里备课,她立即放下手中的工作,陪着这个学生的父亲回到他家，见到学生在家里一脸怒气。回春茹通过与父子两人的谈话了解了事情的真相。原来，父亲在批评孩子的时候，没有搞清事情的真相，孩子因此顶撞了父亲，由此激化了矛盾。了解情况后，回春茹首先批评了学生的父亲：作为父亲，应该了解事实真相，说理做事应有根有据。同时，回春茹也与学生讲清道理：作为儿子，当对父亲的批评有异议时，不该顶撞父亲，而是应该把事实说清楚，事情说清了，父亲一定会原谅你的。经过一番调解，父子俩消了气。这件事情之后，这名学生努力学习，不仅考上了重点大学，而且在海外读取了研究生学位，最终成为一名对国家很有贡献的优秀人才。

回春茹在老师、学生、家长中间有口皆碑。刚参加工作的那年，年末评优秀教师时她就被评上了。此后年年被评为"先进班主任""优秀教师"。

回春茹与丈夫在事业上相互理解、相互切磋，在生活上相互支持。那时生活条件很艰苦，对刚分配来的大学毕业生来说，住房成问题，因而生活更多了一些流离。回春茹怀孕那年的冬天，他们几经周折搬到了一个动迁房里。房子孤零零的，天棚是用纸糊的，但这对他们来说已经是不小的改善了！

一个大雪天的夜里，雪积在棚顶，突然一声响，棚子被压塌了。这可怎么办啊？丈夫的心仿佛掉进了冰窟窿……该去哪里找房子住？看着临产的妻子，百般无奈之下，他们挤到回春茹的父母家中住下，回春茹在这种条件下将孩子生了下来。

在后来回春茹被评选为全国模范教师、获得政府奖励的一套住房之前的八年间，他们整整搬了十次家！楼梯口、仓库、地下室……都曾经是他们的家。更难想象的是，回春茹还遭遇过因失火家中财物被烧光、煤气中毒、因过于劳累而晕倒在课堂上等种种不顺、惊险与艰辛。她没有怨天尤人，风雨过后，她依旧笑对生活。

生活的不幸与困难更激发了他们的乐观、坚强，夫妻二人相互支持，共渡难关。

每遇困苦，回春茹都笑对。她的坚强、镇定、从容使同事、学生感慨不已。在工作中，她一直保持着饱满的热情和满腔的爱心。只要一开始工作，她就全身心地投入，生活的烦恼都忘在脑后。她总是向前看，相信一切都会好起来。

经历过艰辛困苦，回春茹更加体会到人间真情的温暖，更加体会到幸福并不在于物质条件的好坏。有一次，回春茹因为过度操劳在课堂上晕倒了，学生将家中刚下的鸡蛋捧来送给老师补身子。那时，人们的生活普遍比较贫苦，一个孩子这样为老师着想，回春茹深受感动："多么高贵！"后来回顾这段往事时，她深有感触地说，自己跟学生学到了好多东西，真是教学相长！这件事也让她一直铭记一个道理：帮别人，应该在他最需要的时候。"学人家的长处，记人家的好处，帮人家的难处，容人家的短处"成为她为人处世的信条。

家里的事，丈夫承担得比较多。儿子生病了，往往是丈夫一个人带着去医院，虽然有时也是又急又气，但更多的时候他理解、支持妻子的工作。回春茹也会尽量照顾孩子和家庭。

两人在教育孩子上一致认为，要进行诚实的教育，要锻炼孩子，该吃苦就让他吃苦，该他自己办的事就要让他自己办。作为妈妈，回春茹在孩子的家庭教育上用心颇多。

20世纪七八十年代，教育界内重要的课题之一是青少年的道德教育问题。回春茹怀着对社会主义教育事业的忠诚、热爱和高度的责任感，怀着一贯坚持的教育之爱，大力探索新课题。她积极利用各种机会教育、引导学生，组织青年学生深入学习，激励青年大胆思考、积极探索。摆事实、讲道理，积极论辩，这些方法收效很好。

回春茹经常坦率地与学生讨论社会、人生，听取他们对于这些重大问题的看法。一次，她问一个学生："你将来的志向是干什么？"学生说："改造社会。""你怎样去改造社会呢？"学生回答说："第一步得学习资本主义。"对这名作为三好学生、共青团员、班级干部的学生的这个回答，回春茹很吃惊！但是，她没有直接否定学生，而是决定让他讲出来，弄清他的思想脉络。那个学生解释说，现在劳动生产率太低，如果采取资本主义管理生产办法，允许开除工人，赏罚分明，就能提高劳动生产率。他还说，他非常羡慕鲁迅先生为了改造社会弃医从文，用笔战斗，他也想放弃比较擅长的理科，改学能够改造社会的文科。

了解了这名学生的想法后，回春茹认为他是一个有正义感、而又有很大片面性的学生，他不满纪律松散、生产停滞的现象，但并不懂得资本主义的本质，因而开出的药方很不对头。回春茹认真反问他："你主张走资本主义道路，如果我们的生产资料改为个人所有，会不会造成两极分化呢？如果资本家可以操纵工人的命运，比如说你父亲因为年老体弱被解雇，你们全家以何为生呢？"

那个学生想了一会，觉得这是一个很大的问题，认为自己头脑一热的想法不能解决社会的复杂问题，表示愿意收回自己开出的"资本主义"的药方，他说："我现在本事不够，学习也不够，您提的问题值得我好好思考。"

回春茹的心得是，既要坚信自己手中的马列主义武器，又要允许学生亮出他们的观点，让他们识别、比较。必要时不妨交锋一下，让不同的观点撞击出一点火花，是金是石，孰真孰伪，就容易明辨了。在这种情况下，放弃说教，才能显示出真理的力量。

如何引导青少年培养对美的正确观念也是一个新课题。那时，在回春茹的提倡之下，她带的九年级一班的同学是比较讲究穿戴的。但是，他们这种讲究不是奇装异服，不是高档衣料，而是整整齐齐、干干净净、落落大方。他们这种朴实庄重又颇有点精雕细刻意味的美引起了不少老师和同学的羡慕。对此，回春茹的回答是："新的青年一代就该有崭新的风貌。美，那是我们的热切追求。"

而在这个班追求美的过程中，也出现了波折。有一年元旦，回春茹带的班级要举行一个辞旧岁迎新年的联欢晚会，老师号召大家穿上自己最满意的服装，营造浓烈的节日气氛。联欢会开始前不久，突然有一位同学找到正在开会的回春茹，说："出事了，请老师赶紧去看看。"回春茹到教室一看，只见有三个男学生穿着崭新的西装、喇叭裤、尖皮鞋，脖子上系着领带，打扮得十分奇特。同学们有的指指点点，有的目瞪口呆，联欢会如果照原计划举行，这三个学生的打扮必然使全场哗然。

在紧迫的时间里，回春茹想出了一个既能使联欢会照常举行，又不使这几位同学难堪的办法。她把那三位同学叫到教室外，让他们赶排一个"日本青年来校访问"的小节目（这个班外语学的是日语）。联欢会开始了，班主任跟大家说："告诉同学们一个好消息：日本松山大学的三位青年朋友听说我们班举行辞旧迎新联欢会,特地赶来参加,他们带来了日本人民和日本青年的友谊,让我们欢迎他们!"班主任宣布之后,教室里响起了欢迎的掌声,那三位同学也若有其事地演了一段来宾访问的小戏。

联欢会结束后,回春茹留住了那个为首的学生。这个学生主张"思想解放",反对别人干预他们的"自由"。于是老师和学生之间展开了一场真诚的、激烈的、毫不吞吞吐吐的辩论。那个学生强调,他们三人就是认为那样的装束是最美的,认为老师这样做是反对同学们追求美。

回春茹说:"美,那应该是每一个健康青年的追求。我们的民族历来有讲美的传统,有自己的美的理论、美的形式和艺术。《白毛女》中的喜儿在红头绳前欢快起舞,江雪琴就义之前整理好自己的衣装和头发,都表现了朴实和高尚的美。你以为我反对美吗?不,我也是提倡美、追求美的。有的同学不讲卫生、衣冠不整,我一定会批评他、纠正他。我们的美,要求内容和形式统一,要求健康、朴实,要求高尚纯洁。什么是美,不能以自己主观认识决定,因为你生活在社会中,要考虑客观效果,要考虑群众的意见。把与我们有不同民族传统、生活习惯、道德规范的国家的装束搬来,仿效、追求,能说协调吗?能算美吗?"

两个小时的长谈,那个同学耐心地听完了班主任的话,但这并没有完全解决问题。不久,回春茹邀请一些同学到北陵公园去玩,其中也包括那三个男同学。玩了一会儿之后,回春茹把那几个同学叫到一个高处,大家一边休息一边谈天,评论起园中游客的衣着打扮来。回春茹特地提醒那三个学生,不仅要自己发表意见,还要注意观察群众对少数奇装异服者的评判和反应。

这三个同学作为超然台上的旁观者,亲眼看见了群众对少数奇装异服者摆头、努嘴,亲耳听见了他们的斥责和大人对身边孩子的告诫。群众的鄙视和批评使那三个学生深受触动。为首的那个学生突然省悟道:"老师,我现在知道你带我们来公园的用意了,我们知道在群众眼里什么是美了,感谢您对我们的帮助!"从此,那几个学生再也不穿奇特服装了。

从灵机一动设计模拟外宾来访的表演节目,到师生游园评论游客的衣着打扮,回春茹的教育艺术讲求维护好的教育环境、消除不良影响,而不是简单地指错。回春茹注意尊重学生,讲求非常艺术地设计启发、教育的情境,让学生自己辨明是非,从而主动地追求真、善、美。回春茹的教育方法或许没有华丽的理论外衣,但是深得理论精髓,并且从实践中来、到实践中去,渗透着理论光芒,体现了教育的艺术。

社会转变的时期对理论修养是重大的考验,如何牢牢把握住方向又吐故纳新?怎么看待毛泽东思想、怎样看待社会主义道路?这是青少年思想教育中急需探索的重要课题。

回春茹以扎实的理论修养,深刻把握教育实践的脉搏,她怀着强烈的责任感、对教育事业的忠诚热爱,用心钻研时代教育事业的前沿课题,并大力实践,功夫不负有心人,她探索出了一套行之有效的教育方法。

教育部于1978年召开了全国青少年教育研讨会,这是改革开放以后第一次以研究德育为中心召开的会议,参会者有一百多人。多年在教育战线上从事教育与研究工作的北京师范大学教育科学研究所的李意如在会上做了一个关于"青少年犯罪问题研究"的发言。在这项研究开展的过程中,她去了社区和监狱,接触到了大量的青少年犯罪案例,真是触目惊心!她在会上发出了"救救孩子"的呼吁。会议开得很成功,并计划召开第二次。

教育部和全国教育工会组织了核心小组,研究这个会怎么开。最后决定在教育第一线挖掘新人,总结并推广一些具有时代价值的新经验。教育部为此下发了文件,让全国各省市推荐人选,沈阳市也推荐了几位。

李意如参与了此次会议的准备工作,看了几百份稿子。当她读到辽宁省报送的回春茹写的材料时,眼前一亮:这位年轻班主任采用生动有效的方法,针对青少年在"文革"这一特定历史时期受到的伤害,教育并帮助这些孩子转变,让他们回到正常的成长轨道上来。难能可贵之处在于她很敏锐地捕捉到了青少年的心理状态,发现了特定时代背景下青少年教育的敏感问题,有一种教书育人的灵气。

于是,李意如向会议主办方的有关领导推荐:"辽宁省的这个回春茹是很有心的人。"领导们看了,评价也很好。这样,回春茹被选为全国模范教师代表,1980年参加了在青岛召开的全国部分模范教师假期研讨会。此后,因在教育上的共同追求,李意如和回春茹结成了忘年交。

回春茹在多年的深入实践中摸索出的一套培养青年学生正确的世界观、人生观和价值观的方法和经验受到了领导和专家们的重视。她在青岛会议上做了发言,《光明日报》《中国青年报》等多家报纸、杂志纷纷刊载了她的这篇发言稿。会后回春茹还受到时任国家主席李先念同志等中央领导的接见。

在十一届三中全会带来的春风中，1979年回春茹光荣地加入了中国共产党。她追求这个政治信仰，用了十七年的时间！在这个过程中，大门很多次对她紧闭，主要原因在于她的家庭成分。但这没有动摇她的信仰、追求。她更加坚持追求真理，更加坚定了共产主义信仰，责任感也愈加强烈。同事们为她高兴，学生们为她欢呼，回春茹感动得热泪盈眶。她经历了那么多艰难、困苦、挫折，很少流泪，但这一次她流下了有生以来最难忘的泪水。加入了党的组织，回春茹觉得要更好地工作，从此工作更加勤奋、努力。

教育有基础教育、高等教育之分，但教育的真谛是相通的，核心是教会学生做人、帮助学生成材。基础教育是教育的基础，它更贴近"人"这个教育的永恒主题。作为基础教育领域的一线工作者，回春茹耕耘、探索，用心实践、总结，深谙教育真谛和纯熟的教育艺术为她一生的职业生涯提供了坚实的基础。

在回春茹众多的学生中，有一个很特殊。她刚接触到这个学生时就听说他在小学偷东西，桃出来偷桃，梨出来偷梨。在卖水果的地方，手抄在衣服口袋里，口袋是破的，见空他就悄悄伸手。

怎样教育这个学生，让他自己自觉地改掉呢？回春茹认真地思索着，精心设计着。

一天她对这个学生说："我今天出来时挺着急的，手表落在家里桌子上了。你能帮我取一下吗？"

学生回答："行啊！"

回春茹给了他钥匙。一时，这个学生特别感动。"老师肯定知道我偷东西这个事，还这么信任我！"他日后跟老师成了好朋友，坦陈了当时的真实心理。

家里桌子抽屉没上锁，钱呀什么的都在里边。回春茹确实给了学生极大的信任。

他拿着钥匙去了回春茹家里，又把手表取来交给她。他体会到了被信任的感觉。

这正是回春茹的用意所在，也是回春茹的教育思想中的重要一点：让学生去体会。"认识到的东西不一定能够体会到，而体会到的东西则能更深刻地认识到。"她从毛泽东的《矛盾论》中学习了这个观点，又在教育实践中运用它，创造了很多的教育成果，其中闪烁着优秀教师特有的智慧光芒。"你想让他变成什么样，就按照这个样子表扬他。""你希望他具备什么样的品质，就让他体会到这种品质带给他的精神快乐。"她发现这个学生特别勤快，学习也可以，就说："这样吧，你当班级生活委员。"此后这个学生成长得很好。学生个体发生了变化，班级集体自然也发生了变化。

那个一度表现不好的学生后来考上了大学，毕业以后当了公司老总，跟老师的关系一直保持到现在。

1981年，上级将回春茹调到沈阳市第二中学，这是一所闻名全国的重点高中。回春茹一如既往地怀着对教育事业的满腔热爱投入到教书育人中。

回春茹一边教化学课一边当班主任，她常晓之以理、动之以情，培养了一批又一批优秀的学生，她的工作作风深受学生及家长的喜爱。回春茹最先接到手上的是一个换过多位班主任的纪律比较差的班。回春茹根据多年的经验，认为不能靠单纯的说教，更不能只是简单地批评和责罚。首先要做的是了解他们。通过初步的接触，回春茹觉得这个班的学生比较活泼好动，于是她就从这里入手，同他们一块玩。回春茹了解到这个班有不少同学乒乓球打得不错，她就组织他们打乒乓球，而且她也参加到他们的比赛之中。回春茹乒乓球打得不错，特别是抽球和发球，所以学生一看这个老师还挺厉害，同她的距离一下子就拉近了，班级的风貌逐渐变好了。回春茹适时引导，这个班级的工作很快进入了正轨。

为了进一步走进学生的心里，除了正常的教育教学活动之外，回春茹还注重创设一定的特殊教育环境。春天来了，一派生机勃勃的景象，活泼好动的青年们自然期待着去亲近大自然。沈阳市的郊区有一座棋盘山，据说几位仙人曾到此地游览并下棋，如今仙人已去，棋盘犹在，这里有山、有水、有古迹。回春茹利用周末时间带领全班同学到此游览，全班五十多名学生一律骑自行车，回春茹也不例外。师生一起投入到大自然的怀抱之中，尽情地玩耍，一起爬山、一起划船、一起野餐、一起尽情地唱歌起舞，师生的情谊不断加深。回春茹作为班主任工作十分出色，深得学生敬佩；作为化学老师，化学课教得也很好，加之这个班学生又特别聪明，所以这个班的成绩十分突出，不仅在全年级中名列前茅，而且在全区的统考中也表现出色。

在回春茹的努力下，这个班级很快就变成了全校的优秀班集体，后来这个班里的多名学生考入了北京大学、清华大学等全国名牌大学，有些后来还成了省市一级的领导干部。

1983年，回春茹被任命为党支部书记。从任职十多年的教师岗位走上教育管理岗位，新的工作内容、新的岗位职责，工作头绪更多。不过，凭借十余年来的积累、钻研，对工作规律的把握，对教育真谛的领悟，回春茹对新的工作满怀信心。她尊重人、关心人，更好地调动老师们的积极性，从而发展事业。她不断提升自己，在一把手的岗位上做到民主、平等，凝聚大家的力量。

她公开宣布：书记室的大门对全校的每一个人敞开。

数学组组长是全校有名的"牢骚派"，但也是一位教学能手。回春茹冷静地分析了他的牢骚内容，诚恳地对他说："……你思想活跃，对问题有自己的看法，提高一点说，是对事业、对工作、对党的负责。"这名平素语言尖刻的数学组组长无言了，他的心被震撼了，没想到还有这么开明的领导。

回春茹在上任的第一年就抓紧落实知识分子政策，调查历次政治运动中受到委屈的同志，为他们昭雪平反。有位老师的冤案沉寂了三十多年，连本人都认命了。回春茹不认，继续派出干部，南北奔波，四处查询，终于弄清了事实。"我们就是要用自己的爱心抚慰每一颗受委屈的心！"

以前，她主要是在学生身上实践着爱，现在，她将这种爱扩展到了教职员工身上。她的爱振奋了很多人。1984年4月的一个早晨，回春茹徘徊在校门前，等待着张老师。一年前的今天，厄运临头，张老师的妻子在一个生产事故中不幸身亡。这天，张老师心情沉重地走进来，却见书记迎上前来："今天是大嫂的一周年，你领孩子去祭奠一下，你的工作学校已经安排了，你回去吧。"泪水模糊了张老师的视线。回春茹认为，人的感情是最细腻的，做人的工作，也应该是最细腻的。

有人向她反映陈老师妻子重病缠身，家中困难，他常常伏在妻子的病榻前备课，从来没有耽误一节课。回春茹决定给陈老师补助一百元，她嘱咐工会主席立即去办。

"学校现在没钱呀！"工会主席为难了。

"你去想办法啊！这是你的事。"平素对下属体贴的书记这回却没有体谅。

"再说陈老师没填表，不讨论，也不审批，这合乎手续吗？"

"我批了。而且必须今晚送到，手续后办。今后，多办点雪中送炭的事，不要雨后送伞。"对群众的困难，回春茹急在心上。那次，工会主席也圆满完成了任务。

在社会刚刚从阴云中走出的时期，回春茹以坚定的信仰、成熟的理论与管理艺术，打开学校每一个人的心灵，驱除人们心中的阴云，给每个人的内心世界送去一片晴朗的天空，而且把囚禁在人们心灵中的各种情感，化成事业所需要的信心、力量。这是多么不凡的管理！她的答案在八个字：明理、顺气、温暖人心。有了理，再融进去情，这种"合金"就可以铸成打开人们心扉的金钥匙。

她知人善任。在她的领导下，教职员工迸发出极大的干劲和工作热情，学校呈现出欣欣向荣的局面。

回春茹继续探索着教育课题。在当年的全国模范教师会上李意如与回春茹第一次见面的时候，她没有想到这位年轻的老师日后会当学校一把手，只是觉得她是一位有灵气的老师。回春茹后来从教师岗位走上学校一把手岗位，李意如知道后，还去过回春茹当时担任书记的沈阳二中。她看到，这是一所很大的中学，回春茹把学校管理得很好。她问回春茹："你现在还研究青少年教育吗？"回春茹告诉她，自己还在持续关注，做了好多笔记。李意如鼓励她把这些经验提升成为教育理论。

几年时间内，学校在原来的基础上有了很大的发展，学校政通人和，教职工积极性空前高涨，教育教学质量较大幅度提高。回春茹也因此多次被评为全国、省、市优秀教育工作者、优秀党务工作者。

人到中年，回春茹从中学领导岗位到市属大学领导岗位而后又到了省属大学领导岗位。1986年，年届四十的回春茹被中共沈阳市委任命为沈阳大学党委副书记，由普通基础教育战线转入普通高等教育战线。此时的她已经具备了一定的领导经验，意志更加坚定，思想更加成熟。面对高等教育这个新天地，她感到责任更大了。

当时的党委书记已接近退休年龄，回春茹尊重前辈、积极开展工作，不断学习明确担任一所普通高校的校级领导应该有什么样的品质，应该承担什么样的责任，并将思考不断地努力付诸实践。

善待老师，全面服务，充分调动老师的积极性。你有什么困难我帮助你。回春茹在生活上关心教师的冷暖，在政治上更是关心知识分子的进步。在一位青年女教师入党转正的问题上，回春茹调查研究、细致工作，挽救了这位青年教师的政治生命。

当时，对于这位青年教师到底有没有问题，到底可不可以转正，党委讨论激烈。回春茹说："我们不会让不符合条件的人混进党内，要保持党的先进性、纯洁性，但是我们也不能冤枉一个同志，到底这个举报是真是假，我们调查研究之后再下结论。"她深入党内外群众中间，调查事实真相，最后证明了举报所说的事情子虚乌有。回春茹经过调查，不但没有发现这位同志任何作风问题，反而发现了她的不少先进事迹。党委会再次讨论时，回春茹以理服人，很顺利地通过了这位青年教师的转正申请。这位同志深受感动，从委屈的阴影中摆脱了出来，在以后的工作中更加努力了。事实证明她确实是个合格的、能力很强的党员，后来她被调往北京，在国家教育部担任中层领导职务。

"文革"结束后，回春茹以"明理、顺气、温暖人心"的工作哲学，维护公正，彰显正义，以心换心，打开人们的心扉，将人们的信心和力量激发出来并凝聚到共同的事业中。她坚持马克思主义、共产主义信仰和追求，实事求是，尊重他人，善加引导，对教职员工、学生非常爱护。她从解放思想、解放第一生产力的高度，调动人的积极性。她经常跟身边的工作人员交流说："人是第一生产力，解放生产力对我们教育工作者来说，就是要真正尊重人、关心人、教育人、培养人，只有这样，我们才能够调动人的心力、才力、智力，真正有影响力。"

她有着崇高的责任心，"每一个学生都应该得到百分之百的爱心"这一点贯穿了她的教育工作生涯。数十年间，回春茹到过不同的学校，职务几经变动升迁，对各种各样的学生，她真的践行了这一点。

她长期注重在学生思想工作领域探求。在时代的风云变幻中，教育工作者需要有连续不断的理论学习、很强的理论修养，并善于做思想工作。对于学生出现的认识上的偏差，回春茹注重积极做思想工作，既严格要求，又用心呵护。学生后来思想更成熟的时候，回过头来都十分感激当时回春茹书记给了自己成长的机会。

回春茹在高等教育领域已经积累了一些重要经验，她在抓好学科建设的同时，注重吸收社会各方面的资源来办学。

1989年，回春茹又被辽宁省委调到辽宁经济管理干部学院任副书记兼常务副院长（这个学院的历任院长都是由主管经济工作的副省长兼任），全面主持学院的工作。一年以后任党委书记兼常务副院长。从为地方服务的高校到为全省服务的高校，回春茹这次迈入了改革开放、经济建设的前沿。

回春茹在辽宁经济管理干部学院工作期间与领导班子成员在一起（左四为回春茹）

回春茹非经济专业出身，这是她并不熟悉的领域。经济管理干部学院又是改革开放以后出现的新事物，怎样办学还没有现成、成熟的模式。工作越是有挑战性，就越能激起回春茹的干劲。她一头扎到这个新的领域里用心地钻研、努力地实践。

回春茹全面主持工作，在办学治校方面有三个突出特点：一是明确了为社会的需求服务的中心，提出了"为辽宁的经济改革服务，为辽东半岛对外开放服务，为三辽地区脱贫致富服务"的鲜明响亮的办学指导思想；二是改革；三是社会主义方向。

在探索于社会主义市场经济体制中办学的方法的过程中，回春茹认识到：学校必须瞄准商品市场对人才需求的变化，按需定教，才能保证学校自身的发展和壮大。

1989年开始，学院在新宾满族自治县开办了校外大专班，被新宾人民誉为连接学院与新宾的桥梁，是不走的"三辽工作队"。学院的教职工在帮助三辽培养人才上，表现出极大的热情和献身精神。副处长严恩林年近六十并患有糖尿病，新宾是他解放战争初期打过游击战的地方，他在那里受过伤，新宾人民曾经救护、帮助过他。他早就想为新宾的脱贫致富奉献自己的力量。学院"为开发三辽服务"办学，为他实现自己的心愿提供了机会。于是他不顾自己的劳累，带着饼干和水壶，踏遍了新宾的山山水水，写出调查笔记上万言，提出了一个又一个帮助新宾培养人才的方案。

学院转变观念，从等政府给钱、靠政府给任务、要政府给支持转变过来，克服行政化、官僚化弊端，在这个过程中真正贯彻为社会主义服务、为人民服务的宗旨，增强针对性，更好地为社会的需求服务。

回春茹在辽宁经济管理干部学院时与院长（时任辽宁省常务副省长）朱家甄同志在教职工大会上

学院几年来紧紧盯住需求，以变应变。比如在专业设置上，辽东半岛对外开放，学院就开设了外贸专业；国家实行利改税，学院就开设了税务管理专业；"三资"企业兴起，企业转向市场，对文秘人员有了新的要求，学院又开办了涉外文秘专业，培养具有写作、公关、外语会话和外文函电、微机操作、外贸谈判、汽车驾驶等多种能力的外向型高级文秘人才,得到了社会的积极响应。

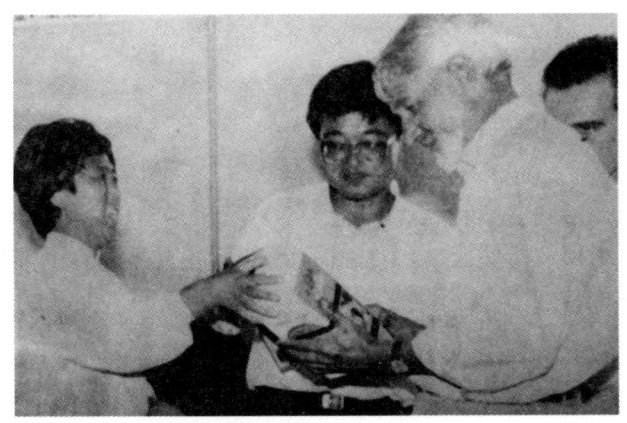

1990年在国际研讨会上,与外国专家交谈

　　这些专业的开设在全国领先一步。回春茹将全国零散的师资力量聚合了起来。这种敢为人先的做法非常有魄力。学院确立了为全省服务的目标和任务,在社会主义的建设和人才的培养中发挥了积极的作用。

　　学院破除机械的学科分界的观念,没有照搬外国学科建制,而是大力实施开放办学。其一是与省内各管理干部院校联合办学。其二是与企业联合办学。如率先与沈阳重型机器厂、沈阳军区后勤生产部联合办学,双方本着互相支持、取长补短、互惠互利的原则,在教学、科研以及咨询等方面自愿进行合作。其三是与商店进行生产、教学、科研、咨询的联合办学。为了能直接有效地为企业服务,学院的商企系与辽阳市中华商店建立了联合体,也叫店校挂钩。双方在人才培养、科研开发、咨询服务等方面进行了有效的合作,相得益彰,尤其使商店改善了经营管理,经营状况逐年上升,该商店被省政府评为综合治理先进单位。

由于开设的专业适应市场需要，在成人招生呈下降趋势的情况下，学院招生却以年均25%的幅度增长。此外，学院在教学质量和后勤服务上也都体现出了市场观念。

面对社会主义市场经济的新的时代环境，回春茹树立了市场观念、竞争观念、机遇观念、质量观念、效益观念。学院改变吃大锅饭的做法，采取承包制，权力下放，责、权、利统一，从而以一种新的思路达到调动积极性的目的。

回春茹和党政领导共同努力，加大了院内改革的力度，起用了一批年轻有为的干部，加强了理论学习，解放了干部思想，完善了学校各项规章制度。既搞好内部管理，又做好对外开拓，逐渐摸索出了一条新的道路。"在一度有些冷漠的学院，奏响一曲曲改革高歌。"

小平同志南方谈话之后，回春茹如饥似渴地认真学习，并将学习心得写成《生机勃勃的社会主义理论》一文，发表在《辽宁日报》和一些杂志上。在小平同志南方谈话的指引下，学院进一步认识到，企业转换机制、政府转变职能的新形势必然引发成人教育市场的变化，这就必须改变过去那种等政府给钱、靠政府给任务、要政府给支持的"等靠要"思想，建立一个自我启动、自我激励、自我发展的新机制。在这样的认识下，学院改革有了进一步发展，学院内部开始进行深化改革，实行系部承包、行政处室和后勤服务经费包干办法。学院党委制订了"加大改革力度，加快改革步伐"的改革方案。这些措施给学院的发展带来了巨大的生机与活力。

"贫穷不是社会主义,贫穷不是社会主义的大学。"回春茹在深入学习邓小平南行讲话后形成了这个新的深刻认识。她比较早地认识到"关心职工生活"的问题。关心教职员工的生活条件,为教职员工谋福利,是回春茹调动教职工积极性的一条清晰的办学思路。

刚到学院时,学院只有200多名教职工,200多名学员,几个专业。经过几年努力,学校发展到了300多名教职工,2 500多名学生,几十个专业可面向全国十几个省市招生,同时开办了研究生层次的教育。学校得到了快速、健康的发展,呈现出一派生机勃勃的景象,成为全省成人教育的生力军。

回春茹在教育管理岗位没有放下青少年教育这个永恒的课题,她带头搞科研。与此同时,回春茹在管理上不懈钻研,日渐建立起自己的一套成熟的管理之道。表扬与批评,是管理、领导活动的非常基本的手段。回春茹对其中的学问、门道潜心钻研,经过总结和理论提炼,发表了论文。她的《表扬与批评的学问》一文阐述了既有很强的原则性,又非常细腻、富有艺术的表扬与批评之道。

发表于1992年的《一把手的一二三四五》是她从积累多年的"一把手"的实践中得出的思想结晶,核心内容主要包括"一个基本思想:为官一任,造福一方""两重身份:既是一把手,又是普通人""三种艺术:用人、用权、激励""四种职能:主持决策、组织指挥、协调平衡、团结凝聚""五种修养:理论水平修养、职业道德修养、领导作风修养、行为示范修养和领导艺术修养"。回春茹将"一把手"视为一种责任,融情理于一体,对"一把手"的分析非常深刻、透彻,观念非常先进。这些都体现出女性"一把手"的独特智慧。

回春茹就是这样，"不断地实践，不断地总结，不断地学习，不断地提高"，也显示出她过人的思维能力。

作为一名年轻的女性领导干部，回春茹既虚心学习，又勇于开拓创新，既敢于展露才华，又不锋芒毕露。作为少数民族的女性领导干部，既随和，又端庄，以独特的风采，赢得了赞誉。

回春茹有一种身为女性的自豪感。在新中国"妇女能顶半边天"的时代中成长起来，回春茹身上少了女性传统的思想束缚，而展现出女性自由发展并具有党性原则、优秀品格与担当能力的新的时代风貌。回春茹对高等教育办学已有较深入的认识，积累了较丰富的经验。她既是一名优秀的领导干部，又是一位具有教授职称的优秀教师。

从沈阳到首都，成为中华女子学院院长和享受国务院特殊津贴的教育专家

1992年3月，回春茹按照省委组织部的安排，到中央党校参加厅局级干部学习班，主要学习、研讨邓小平同志视察南方时的讲话。学习期间，三八妇女节那天，当时的全国妇联主席陈慕华带领全国妇联领导来中央党校接见和慰问所有班级的女学员。这是回春茹第一次见到慕华大姐。慕华大姐在接见学员时做了精彩的演讲，她宣布了中国妇女事业发展史上的一件大事：联合国第四次世界妇女大会将于1995年在北京召开。为配合世界妇女大会的召开，全国妇联决定，在原中国妇女管理干部学院的基础上，自筹资金，创办一所为中国女性开设的最高水平大学。

各界有妇女，妇女在各界。妇女解放的程度是衡量社会普遍解放的天然尺度。社会越发展，越需要提高妇女的地位和素质，越重视妇女的力量和作用。由于历史、社会原因，中国妇女的发展、解放还受到较多制约。而实现妇女发展，关键的一环靠教育，靠提高妇女的素质。正所谓"百年大计，教育为本"，妇女的受教育程度决定着妇女作用的发挥。

为什么有专门的女子院校出现？这种状况与男女的生理、心理差异有关，更主要的原因是性别歧视的长期存在造成了男女在教育中的不平等或不完全平等，使妇女教育具有特殊性。新中国妇女地位提高了，但是多种因素决定了真正意义上的男女平等并没有完全实现，女子院校仍然需要存在和发展。

单独开办女子大学对锻炼女学生的领导才能也非常有意义，不仅可以增加女生入学的机会，也可以专门为女生开设一些满足特殊需要的专业和课程，为女性人才成长创造更适宜的条件。在女子大学中，由女生充当领导角色，可以锻炼女生的领导才能。新的时期，女领导干部队伍、女管理干部队伍、各级妇联干部队伍都迫切需要具有新兴知识结构的妇女青年干部来充实，需要有专门的基地来培养这样的女性人才。

20世纪80年代末，我国开始进行干部制度改革，慕华大姐审时度势，提出必须要制定和完善培养、选拔女干部的制度和措施，抓基层，打基础。1990年春，时任全国人大常委会副委员长、全国妇联主席的陈慕华提议筹建中华女子学院。

中华人民共和国成立以后，男女平等有了法律基础和制度保障，妇女问题得到很大的改善，但要完全解决妇女问题，还有很长的路要走。进入改革开放时期,随着社会主义计划经济向社会主义市场经济过渡,一系列的改革带来了经济、社会生活的变动,妇女问题日益加剧。妇女在平等就业、受教育等方面的保障受到冲击,这使其在新兴的劳动力市场中变得越来越没有优势。各种妇女问题开始浮出水面。新的发展时期又对妇女素质提出了更高的要求。这些都要求必须把妇女教育、妇女人才培养提高到新的水平。大力发展妇女高等教育,是适应社会发展、妇女发展需要的必然选择。

在改革开放的新形势下,妇女人才培养成了一项带有根本性的迫切任务。改革开放以来,社会上出现了各种新情况和复杂问题,更提出了对人才的新要求——需要一大批适应新时期要求、素质高的妇女干部人才。

创办中国女子大学,既是与国际社会、与国际妇女运动交流对话的必要之举,也是中国妇女自身发展的要求。这是全国妇联面向社会发展、妇女发展,为中国妇女运动发展作出的重大决策。

难度是巨大的,但是全国妇联有坚定信心。陈慕华说:学校非办不可。建国40年了,妇女学院仍在18亩地上耕耘,与国家发展不相称,不能满足国家对妇女干部培训的需要。几经努力,筹建中华女子学院得到了国家立项,由全国妇联自筹资金建设。

就这样,为加强对女性人才和女干部的培养教育、促进男女平等基本国策的贯彻落实,并为迎接即将在北京召开的第四次世界妇女大会,要在原有的中国妇女管理干部学院的基础上,实行更名、迁址、扩建、升格,筹建一所新型的、综合性的女子大学。中国妇女管理干部学院的前身是1949年5月由宋庆龄、蔡畅、邓颖超、康克清等革命前辈亲手创建的"新中国妇女职业学校";1950年10月,改建为"中华全国妇女联合会妇女干部学校"(简称"全国妇联妇干校"）；1984年，转制为"全国妇联管理干部学院"，成为我国第一所独立设置的女子成人高等学校；1987年8月，经国家教委批准，学校更名为"中国妇女管理干部学院"。

全国妇联书记处决定由中国妇女发展基金会负责中华女子学院建设资金的筹措。为了加快资金筹集，以陈慕华为首的全国妇联领导利用一切机会扩大宣传，不辞辛苦，多方奔走，广泛接触海内外企业家和知名人士，还多次请各部委领导参加座谈会，共商筹资大计。

1992年春季，陈慕华在于中央党校接见学员时所做的演讲中提到："要靠我们自筹资金建设这个学院，少说也要一亿七八千万到两个亿。自筹一个这样大的数字，困难确实不小，但我们中国妇女有志气去克服困难。世上无难事，只怕有心人，大家一条心，黄土变成金。"

她号召全中国的妇女一人一元钱，为捐建中国女子大学出力；号召在中央党校学习的各位妇女领导干部回去动员和组织这件有意义的工作，为中国的女子高等教育做贡献。

慕华大姐的演讲给回春茹留下了深刻印象。慕华大姐那妇女领袖的气度、风采，演讲中对中国女子大学的精辟论述，让回春茹对中国妇女事业和妇女教育事业有了更多感悟。她的心中升腾起一股为这项事业做贡献的强烈愿望。

会后，回春茹即和同在党校学习的时任中国妇女管理干部学院党委书记安树芬同志联系，申请到中国妇女管理干部学院参观学习。回到辽宁后，她在学校组织了捐款活动，此后一直留意着报纸上关于中国女子大学筹建的报道。

学院基建是一段特别的奋斗历程。用一年半的时间盖成可供1 500人使用的配套设施是相当难的。"基建工作不隔夜"，有问题当天汇报给领导,领导马上研究,当天给出意见,保证问题不过夜。"跟打仗一样!"东奔西跑,还要做很多工作。"三边工程"即一边施工、一边设计、一边解决,资金还是自筹资金,建设困难特别大,非常艰苦。不怕困难、敢于拼搏的意志以及海内外有识之士的关爱都凝聚进了女院精神中!

新的中华女子学院建成以后,需要补充人才。上级部门为此物色人选。学院需要什么样的人?要懂教育,要有丰富的教育管理领导经验,要在办学方面有才干。当时,还是北京师范大学教育科学研究所副所长李意如作为专家被征求了意见。这时距离她跟回春茹在改革开放初期的全国模范教师会议上的第一次见面已过去十多年了。

李意如认为回春茹有两个突出特点:第一,有一种教育的灵气。回春茹注重探索青少年心理,愿意探索人的内心,所以她的教育思想很深刻。她从心灵深处挖掘青少年个人品质中的积极因素和消极因素,然后施以有效的教育。有的人天天跟学生在一起,但没有这个灵气,也没有探索精神。"小回是一个很有灵气、很有希望的人。青少年心灵的轨迹,她研究这个,琢磨这个。这种素质是一般人没有的,也是她后来能够不断创新的基础。"以人为本,对人的关怀,对人的心灵的关怀,这是成为教育家的基础。在这方面,回春茹底子不薄,有不一般的见解。

第二,回春茹很执着。她办一件事就会想办法办成功,一定做成,有那么一股劲。回春茹从一名教师到沈阳二中书记,后来又从中学教育领域进入高等教育领域,担任沈阳大学领导,再后来并非经济专业出身的她又到经济管理干部学院担任一把手。从她的事业轨迹中也足以看出回春茹骨子里的执着。

右一是对回春茹有知遇之恩的李意如教授，中间是时任全国政协委员方明同志（原全国教育总工会教育工会主席）

　　办一所女子大学，困难很多，这是一个全新、艰巨的课题，对所有人都是一个挑战。它对院长人选的要求很高。作为大学校长，回春茹起点不算高，条件上或许存在"先天不足"的地方，学历也不是很高，从基础教育领域起步，并非长期在大学工作，但是回春茹身上有这两个特点，李意如认为她能行！

　　1994年底，一道职业选择题摆在了回春茹的面前。国家民委在辽宁省大连市设立了一所东北民族大学，组织上希望回春茹作为少数民族干部去任校长；也是这时，全国妇联直属的中国妇女管理干部学院准备在1995年第四次世界妇女大会在北京召开期间，更名为中华女子学院，也希望她去担任院长。稍作思考，她作出了决定：到中华女子学院，投身妇女教育事业。

　　这个职业选择给回春茹的家庭出了一道难题：家在沈阳；丈夫

在沈阳一所中学担任校长，对肩上的事业也很热爱；孩子这时在沈阳上大学。人生事常不能两全，最后，丈夫决定继续留在沈阳。回春茹对丈夫留在沈阳的决定给予了理解——她在家庭中一直就是这样通情达理。这是最深的理解与支持，表现出强大的生活勇气与信心！这时，回春茹将与家人分别，只身赴京，投身妇女高等教育事业。这又是一个她不熟悉的领域，但她有对教育的深刻把握，也有作为女性对妇女问题的深入认识，以责任心为锚，以学习为径——路，就在脚下。更何况，什么事总要有人先做起来，不能总是坐等别人先做。

弹指一挥间，二十载春秋更替。这二十年，是回春茹不断品味教育真谛的二十年，从普通基础教育到普通高等教育，从教学岗位到管理领导岗位，她一次次迎接新课题，奏响一支支改革高歌。凭借对教育的深刻理解，对管理的深入认识和大力实践，她不断深化办学认识，树立先进观念，在每一个工作岗位都办出水平、办出佳绩。当年的女大学毕业生如今已是一位干练、成熟、稳重的女领导干部、女子大学的女校长。不变的是女性的追求本色，不离的是教育事业。

第二章　勇挑重担　开拓创新精细管理

　　1995年4月，回春茹被调入中华女子学院任院长，这次来到北京，距她青年时代从东北来北京求学已经过去了整整三十年！这时的回春茹49岁。49岁意味着什么？"古话说：三十而立，四十不惑，五十知天命。即将进入知天命之年，自己就要把全部的理想与志向，全部的经验与成熟，奉献给这里，在这里生根、发芽、开花、结果。"

中华女子学院迁址后，名誉院长陈慕华来到学院

　　在社会主义市场经济体制下参与高校之间的竞争,女院没有特殊照顾,不仅如此,国家只立项,没有经费支持。因此,对女院来说,挑战是巨大的,也是严峻的。

　　十年树木,百年树人。历史的步伐即将迈入21世纪,女子学院的人才培养要着眼于新的世纪,培养能在21世纪胜任要求、承担任务、建功立业的女性人才。重任在肩,回春茹勇于担当、善于开拓、迎难而上,建功立业。

科学定位 找准目标 迎接挑战

　　回春茹深知,中华女子学院的发展历程凝聚着党和政府的关怀,凝聚着全国妇联和学校几代人的心血。承前启后、开拓创新,是自己必须肩负起的重任。面对艰巨而光荣的任务,面对新世纪的严峻挑战,回春茹实事求是、科学规划、依靠群众,在高校工作中表现出了较强的领导管理能力和较高的管理水平。

世妇会期间回春茹与黄启璪主席向陈慕华汇报工作

上任伊始，回春茹首先下很大功夫对学校进行调研， 一切从实际出发，着力寻找一条适合女院的发展道路。 怎样从小规模发展到大规模？怎样增强学校办学实力？怎样提高学校知名度？怎样使师资队伍壮大起来？从战略到方针再到举措，回春茹将掌握的理论、学识、经验融会贯通，与学校实际相结合，找准了目标和方向，提出了特色鲜明的发展蓝图。

看望支持、关心中华女子学院发展的北师大学长王光美大姐

女院的办学首先要从按需办学入手，从满足社会对特定人才的需求入手。"按需办学是社会主义市场经济体制下高等教育的基本原则。"要迎接新世纪的挑战，女院首先要对社会主义市场经济体制这一经济社会的重大调整有科学认识，对社会主义市场经济体制对于高等教育办学的新的要求有准确把握。"社会主义市场经济的竞争性原则、求利性原则和开放性原则，对于大学的办学思想、价值取向以及办学机制等都提出了和在计划经济条件下不同的问题和要求。"

办好女院，最重要的就是要紧密贴合社会需求，要很好地满足社会需求。"要树立主动适应市场的观念，在按需办学中自我调节，自我完善，自我发展；要提高办学层次，为适应社会主义市场经济的建立和发展，培养多种类型的专门人才；要根据市场对人才资源配置的要求，结合本学院的具体实际，调整、完善专业设置和课程结构；要适应市场经济的供求机制，实现多种形式、多种渠道、多种途径办学。"

女院采用开放、灵活的手段，科学利用一切可以利用的办学资源，更好地满足了发展女性教育、培养女性人才的需求。同时，以社会需求为导向，运用市场的流通渠道，围绕"满足社会需求"下大功夫。回春茹提出："必须发展女子高等教育，建立女子大学，并且要有新的思路和办学模式，把普通高等教育和成人高等教育、高等职业技术教育统一在一所大学之中。"明确了按需办学的指导思想，女院人将其大力贯彻到专业建设、教学改革、办学方式等各环节中。在这种理念下，建立职高、成高、普高并举的新型办学体制的问题被提了出来。

回春茹在深入调研的基础上提出了关于中华女子学院建设与发展的基本思路：其一，面向市场，坚持按需办学的指导方针；其二，狠抓质量，提高学院的教学水平；其三，办出特色，提高学院的知名度；其四，搞活机制，增强学院的整体效能；其五，苦练内功，不断提升办学水平。

在学院的教学上，回春茹站在高等教育发展的前沿，把握办学的先进理念，强调学用结合、开放式的产学结合。过去，受计划经济和传统教育方式的影响，教育形式单一化，教育内容统一化。而在新的时期，经济结构、产业结构以及劳动力结构发生了变化，并带来了职业的调整，这就形成了对教育多样化的需求。如果教育的内容、教材、教学形式、教学方法不做出相应的改变，毕业生自然面临着挑战。因此，适应社会发展要求，必须要对教育内容、方法以及知识体系进行改革，积极发展职业技术教育，为女性提供更多的专业培训的机会。

回春茹说，面对即将到来的新世纪对人才素质提出的更高要求，以往实施的那种校园内部封闭式的、单一的课堂传授知识的教学模式已经难以适应。要积极地开拓高等教育人才培养和办学的新模式——产学结合教育。她说："我院也要跟上改革的步伐，积极与国内外有志于改善妇女教育的志士仁人和科研机构、企事业单位精诚合作，开门办学，运用多种方式完善实践性教学环节，注重学生能力的培养，要本着学用结合、按需施教和注重实效的原则，运用符合信息原理的观点制定教育规划，使学院学科体系和专业结构建设与社会实际需求相衔接。"

与韩国文尚柱等人合作筹建中华高丽职业学院

出访韩国，
与韩国女子
大学校长在
一起

　　建设现代化女子大学时正值我国高等教育体制改革深化的时期，高等教育的环境更多了一些变动，在这种变动中，回春茹审时度势、迎接挑战、勇抓机遇，正确地认识了社会主义市场经济体制下的高校办学规律，牢牢把握住了方向。

　　1998年，我国高等教育管理体制改革时提出了八字方针——"共建、调整、合作、合并"，提出了"争取到2000年或稍长一点时间，基本形成中央和省级人民政府两级管理、分工负责，以省级人民政府统筹为主，条块有机结合的新体制"的改革目标。在这一政策环境下，中华女子学院的本科教学受到严峻考验。学院作为一所成人高等学校，面临的不是适应不适应本科教学的问题，而是学院是否还能够独立存在的生死存亡的问题！

　　1999年6月16日，国家计划发展委员会（现国家发展和改革委员会的前身）和教育部联合发出紧急通知，决定在1999年初中国高等教育扩招23万人的基础上，再扩大招生33.7万人。一时间，全国各大新闻媒体上纷纷刊登出"今年全国高等教育招生大幅增加"的通栏标题,社会各界反响强烈。女院要不要扩招?当时有一些领导认为没条件扩招,学校的硬件、软件都比较紧张,他们说:"现在已经不是'没有条件,创造条件也要上'的时候了。"

扩招或不扩招,两边意见都有。党委会上,回春茹分析:这次扩招的机遇,从教育的发展趋势来看,学校还是要抓住的;如果不抓住,仍然保持二三百人规模的本科,学校的生存就是个问题。学校要发展,规模过小是不行的。

最后,党委统一了思想,果断决策,决定扩招。党委会通过了扩招的决定,那么行政方面如何去落实?需要开设好课程,需要有合乎标准、规格的硬件设施⋯⋯一系列的紧迫任务都需要行政一把手——校长落实。即将步入7月,新招收的学生9月就要进校报到,开始学习、生活。时间紧迫,头绪繁多,困难重重!

其中一大难点是学生的住宿条件。回春茹带领大家做出两手方案。一方面跑周边,挖掘有哪些地方可以用,结果将一个企业的房子加紧改造成了学生宿舍。另一方面做预案:如果宿舍楼到期实在不能竣工,那将采用第二套方案,即办公用房压缩,腾出一半,首先保证学生的住宿条件。

"宁肯老师是十个人一个办公室,也要保证学生的住宿条件!"

就这样,全院师生员工紧密

第一次接受中华英才记者董玲采访
(于中华女子学院)

团结,以巨大的勇气和毅力,克服了种种困难,腾出集体宿舍,紧缩办公室,挖掘一切可能,创造扩大办学的条件。当年,学校招收了普高学生438名。

迈入21世纪,迎来"十五"。回春茹深入总结了在迈向高水平女子大学的五年征程中的重要经验:第一,作为一院之长,必须对学院的发展目标和规划进行研究和决策;第二,学院的建设和发展应该以学科建设为龙头;第三,学院既要提高学术水平,又要为社会做贡献;第四,领导班子在学院的发展中起关键作用。

"一所好大学,要有优秀的毕业生,有一流的研究成果,有好的办学条件,有先进的管理水平,更要有创新精神。"她强调向管理要效益,"学院的管理体制的改革创新至关重要,在一定的办学条件下,管理水平就成了办好学院的关键。"

大学是什么、为什么要办大学,这些是办学的根本问题。在学校的快速发展中,回春茹进行了深入思考。"要管理好一所大学,搞清楚不该做哪些事情与懂得该做哪些事情同样重要。"回春茹对教育在社会中的角色、教育需要避免的误区有深刻的认识。她强调:"不要把大学当作政府、军队来办,也不要把大学当作企业和慈善机构来办。"

"不能把大学看成是政府机关的延伸,让大学去完成政府机关的功能……用政府模式来管理大学,只会束缚学校的正常发展。拥有科研、学术活动的自由及开放的环境,才是大学发展的根本保证。"科学地把握大学与政府的区别,克服行政化办学的弊端,这对于作为部属院校的女院把握科学的发展方向有着十分重要、深远的指导意义。

回春茹坚持独立思考、知识创新、人才培养等大学精神，又对社会中出现的办学以营利为目的的不良倾向予以明确反对。"企业追求利润最大化，大学不以营利为目的，而以不亏本为基准。大学本身是一项崇高的社会公益事业。"她进一步论述："当然，大学也讲收学费，也讲扩大规模，但都是为了提高办学效益，改善教育环境，更好地培养人才。系与系之间竞赛是为了相互学习，扬长避短，相互促进，并不是只有排他的严酷性。"

"大学不是慈善机构。"回春茹说，"办大学当然要以人为本，只有紧密依靠教职员工集思广益，才能更好办学。但是办大学不能凡事都考虑教职员工的爱人、父母、子女，不能用同情心、怜悯心管理学校。大学要把国家投资、学生学费、社会捐赠用在刀刃上，要选最优秀的教师任教，用最精明的人管理，以最高的效率办学。"正是在这种清醒认识下，虽然曾有社会募集资金找学校合作，还有某个企业没有钱，来向学校借钱的情况，但都被回春茹拒绝了。"大学的钱是国家给的，不能够拿国家给的钱办慈善。这是一个校长作为法人的基本理念。"

她在会议上跟学校干部交流："搞清大学的办学功能才能搞清为什么办女子大学。几年来，在推进学院改革发展的过程中，我们强调培养人才、更新知识、交流学术、树立形象、转化成果几大功能，让女子学院在新的经济社会环境中，坚持高等院校的教育规律，坚定社会主义办学方向。"

"考察学院的发展，是看几大功能作用发挥得怎么样。高等教育是教育的一个组成部分，具有教育的一般性质和属性，但是它又有自己独有的特征。高等教育的四大功能为人才培养、科学研究、社会服务和文化传承创新。女子高校除了具备普通高校的四大功能外，还承担着引领先进性别文化、促进男女平等的使命。学院的'十五'发展规划，首先是五大功能的规划，然后才是为实现、完善几大功能而进行的资金筹集、行政体系和后勤保障的规划。学院的工作总结、年度统计、质量评估都要以五大功能为核心。几大功能完善的大学，才是我们理想中的为之奋斗的大学。"

回春茹以高度的责任感与勤于学习、钻研的精神，用马克思主义指导工作，认识、把握新时期的高等教育与大学建设的新特点，坚持社会主义的方向，从而使女院办学行进在正确的道路上。

抓学科 抓团队 抓科研

蓝图绘就，需迈出坚实的步伐。要实现目标、创出路子，切实的行动便是关键。

回春茹说："教学质量是女子学院的生命线。"为了提高教学质量，回春茹在管理上坚持对教师的教学工作进行质量评估和定期考核，同时在职称、职务的评聘、提升上采取倾斜政策，对有突出成绩和贡献的青年教师大胆提拔任用；定期评选优秀教师和优秀教育工作者，并设立了教学质量奖；通过进行中青年教

陈慕华名誉院长、朱琳大姐视察中华女子学院

师基本功大赛，开展评选中青年骨干教师活动等多种形式，营造重视教学质量的氛围，鼓励教师创优争先。

师资队伍建设是办学非常关键的部分，也是女院发展中的一道难题，一度是学校发展的"短板"。

学科立校，是回春茹一到女院就考虑的问题。深谙办学之道的回春茹知道，"跟基础教育不同，以学科立校对高等教育来说很重要。高等教育的学科有十二大门类，一所学校不可能什么学科都强，在国家大教育的格局中必须要结合国家的需要、学校自身的特点，有自己的侧重，女子学院的学科侧重应该是法学、社会学、女性学这几类。"

全国妇联各位老领导，关心、勉励中华女子学院领导班子全体成员：前排左起黄启璪、田秀娟、罗琼、黄甘英、郭立文、张洁洵；后排左起丛中笑、张李玺、贾秀总、莫文秀、回春茹、施辉、石春珍

她深谋远虑，着眼长远。她说："学科带头人一定不是我，虽然把我调过来当院长，但是将来要学科立校，我一定是过渡的。"一所大学的建设，需要的是一个团队，需要的是团队成员之间的组合、配合，更何况是起步时基础薄弱，又进行着创新型建设的新女院。回春茹的"团队"观念特别强，"做什么，都是团队！""团队精神"是她治校的方略之一。一到女院，她即下力用心物色人选。那时，国内性别研究处在起步期，全国只有少数院校的少量学者在从事相关工作。她多方了解、四处打听，在一次会议中，一位专家跟

她说:"学术做得好的,四十岁以上的,有一个,张李玺;四十岁以下的,有一个,刘梦。"二人都是女子学院的教师,张李玺当时是社会工作系副主任,刘梦是社会工作系的教师。为了抓紧培养,及早到岗,学院公费支持两位教师到香港理工大学和香港大学攻读博士学位。两位教师在学习期间兼顾学院教学工作。1997年,张李玺被任命为学院教育长,之后逐步被提拔为副院长、院长,主抓学历教育工作。刘梦则晋升为副教授,之后担任了社工系的领导职务,继而担任副院长。

短短几年间,学院先后选派了50多名教师到中国香港及美国、加拿大、新加坡、日本、韩国、英国等地进修、考察或攻读学位。可以说,中华女子学院在师资队伍建设上走在了全国的前列。

人是一切事业的关键,回春茹力抓"人才"。回春茹着力建设教师队伍,方向正确,方法科学,采取多方面的措施,效果十分显著。在教师思想建设方面,重点是中青年教师的思想建设,引导他们在社会主义市场经济条件下建立正确的道德观念和价值取向,培养良好的职业道德。学校安排青年教师轮流当班主任,青年教师在这个过程中懂得了教师的荣誉、责任和作为人民教师应具备的素质。学校还有计划地组织青年教师到基层、到实践中去锻炼,为他们创造自我教育、自我提高的成才条件。学校还通过加强教师的在职培训、业务管理,全面提高教师的业务素质和能力。

同时,回春茹很注重发挥老教师的作用,不但让老教师对年轻教师传、帮、带,而且支持他们著书立说,请他们做院领导的顾问,为学院的改革与发展运筹献策。

优化人事机制,使干部队伍更加适应办学需要。学校人才队伍当时的状况是：年龄上偏大，学术层次上偏低，多数干部是行政干部出身，行政化办学的色彩比较浓，不能适应新时期的要求和女子学院未来发展的需要。为使干部的梯队层次、年龄结构趋于合理，回春茹带领大家推进干部年轻化、知识化。1997年底，学校全面展开第三届聘任工作，党委制定公布了《关于第三届选聘干部年龄限段、聘期及干部待遇的过渡办法》。聘任的43名处级干部平均年龄为44.6岁，比第二届的45.4岁下降了0.8岁，其中40岁以下处级干部10人。有8位55岁以上的同志退出了中层领导岗位。按照《过渡办法》，因年龄限段不再续聘、连任的处级干部，经考核测评合格的，党政干部根据其自身特长、身体状况，安排适当的工作，转职干部从事本专业教学、科研工作，保留处级待遇。退下来的同志得到了妥善安排。原来担任法律系系主任的逄东励也是在这次干部年轻化的改革中退下来的，她说："退下来后回院长也没让我们闲着，党委书记带着我们做课题。大家干劲儿都很足。"

采取特殊政策吸引人才和鼓励成才，特别是下大力气对现有教师进行培训，鼓励其学习进修，促使优秀人才脱颖而出。学院每年都选派教师到境外进修、考察或攻读学位。回春茹着眼于高等教育的发展趋势与学校发展的要求，每年拿出一笔经费资助教师攻读博士或硕士学位。这在当时的高校中是很少见的。回春茹以战略眼光看待人才培养，对教师进修高度重视，切实支持，足见一片爱才之心！

在"学科立校"之外，还有一句是"科研强校"。回春茹经常强调科研工作的重要性。"从现代高等教育的规律看，办学应教学、科研、服务一体化。"她说，促进学院科研工作不仅是提高学院学术声望和地位的重要途径,而且对促进学院教育质量的提高,培养高水平的师资队伍和推动对外交流合作都有着极为重要的意义。在着力搞好教学、办好特色专业的同时,女院加大了科研的力度,引入激励机制,鼓励教师以教学为基础搞科研,以科研成果深化教学。

回春茹分管科研,科研工作向制度化、规范化、科学化发展。1996年,中华女子学院学术委员会成立,作为全院科研和学术工作的指导咨询机构,负责全院科研工作规划的审议、学院重点科研项目的评审和优秀科研成果的鉴定。科研处在科研计划管理、科研经费管理、科研成果管理、优秀科研成果评定等方面开展工作。院领导对此十分重视,并划拨了专项科研经费,使学院的科研工作颇有起色。

科研促进教学,这一点在女院有很充分的体现。比如学前教育专业的教师开展了关于幼儿教师科学素养的研究。根据研究所得的发现和认识,学校对人才培养进行了调整,在招收学前教育专业学生时实施文理兼收,不再只招文科学生。以科研促进教学,教学内容、人才培养的更新、发展需要科研。

教师的科研注重深入实践,不断提高服务社会的能力。2003年,为了配合《妇女权益保障法》的修改,法律系全体教师经过调研讨论,在全国最早完成了《〈妇女权益保障法〉修改立法建议稿》,并提交给全国妇联9月份组织召开的《妇女权益保障法》修改研讨会,得到了同行们的认可和好评。

1998年6月,希拉里到中华女子学院参观

行政部门也积极开展

科研工作，这对行政部门掌握政策、了解实际、做出好的决策起到了很好的促进作用。各部门开展科研工作，核心是提升各项工作的科学性。

抓规范 抓形象 抓机遇

女子学院所拥有的教育资源跟它的任务相比，缺口是很大的。在这种情况下，更是要"科学利用一切教育资源，办出水平，办出效益"。回春茹的思路是建立几种全新模式："管理模式""素质教育模式""培养目标模式""独特的教学、专业课程设置模式"与"评估督导模式"，体现出开放办学、教育内容与手段的与时俱进以及严格的质量监控理念。

本着规范、严格、创新的基本原则，从教研室管理抓起，试图把教学管理工作从单纯的工作管理提升到综合管理的地位，使其从整体上为规范教学管理、提高教学质量服务。教学管理的各个环节都要制度化，要依"法"办事。

在管理模式方面，"实行董事会制和基金会制，从资金的筹集、教育的决策、招生、分配、岗位培训、职业教育、信息反馈等方面建立沟通渠道，打开新的局面。"

"教育如果没有评估督导机制是不完整的。要提高教育水平就必须在抓教育的同时，建立起包括教学、科研、学生质量反馈以及党政、后勤等方面的全方位评估督导体系。"

实现发展蓝图，人的因素极为关键。回春茹讲究的是"规范"二字，用岗位职责要求教职员工。

就在学校搬迁的过程中，还发生了一件让很多人难忘的事。有职工向院长反映图书馆有一个地方不干净。回春茹去了一看，确实有不干净的地方。

她让部门负责人把抹布拿过来，接过抹布，她蹲了下去——只见她一下一下地擦起地来！周围的人感到时间仿佛凝固了……直到四块瓷砖擦净，回春茹对负责人说："把拖地的同志都叫过来。（让他们）就按我这四块的标准来打扫卫生。"声不高，话不多，却字字千钧。回春茹亲自给工作人员做示范，意在说明：一切劳动都是重要的。工作没有高低贵贱之分，每一个人、每一项劳动都很重要。再苦、再忙，也必须坚持标准。这给所有人都上了深刻的一课。

对于"校园卫生"，回春茹有一番特殊的理解。形象不是小事，形象体现着精神面貌。学校是塑造高尚心灵的场所，社会认识女院，首先是从外观上了解的。学生家长来到校园，首先看的就是厕所干不干净、整不整洁。女院、女院人都必须讲究品位，注重形象。

院办同志看到，院长的衣着总是整洁、得体，并不昂贵，但是大方美观，透着干练、精神。院长的办公室，不管什么时候，都非常干净、整洁。文件、资料井井有条，桌台、座椅干干净净。一时做到不难，但要时时如此，则颇为不易。

刚从老校迁至新址时，后勤部门还存在不守纪律的现象，经常有工作人员打麻将，甚至脱岗。回春茹就要求时任人事处处长古芬芬每天去后勤关键部门巡岗。副处长去不行，科长去不行。回春茹要求说："小古，你亲自去。"

起初，后勤部门的职工对查岗不理解，他们对来巡岗的人事处处长直说："古老师，您累不累？"说实话，一开始古芬芬也很不理解：后勤员工有他们的科长，有后勤处处长，自己去算什么？她在院长面前有话直言："我一个人事处处长，天天去查岗，我掉价不掉价？"

"不掉价。掉什么价？人事处是管考勤的，这本来就是你的工作。岗位考勤到底怎么样，你不下去你怎么知道？"

于是古芬芬那段时间每天来到学校做的第一件事就是巡视，一岗一岗地去查。

她下到一线去，了解情况，进行解释："你们的工作比较枯燥，就要用别的方式来解决。全校的安全都在你们这些服务人员的手里。三支队伍、三个环节是一条锁链。谁也不能掉链子。""你是后勤人员，但在中华女子学院，你是老师。你在这个地方，就是老师。为什么？因为你是在起表率作用；起表率作用的人，他就是学生的老师！你不要把自己看成一个后勤人员，你要首先把自己看成一个老师。不管你做什么工作，都要为人师表。"

经过这样的思想沟通、检查监督，后勤队伍的纪律面貌大为改观。回春茹就是这样，注重从细节中抓纪律，也善于从细节中抓纪律。

明确规范，转变作风，这给大家带来的触动很大！回春茹善于从小事中抓纪律，从细节中立纪律，让大家理解学校育人责任的光荣与重大。回春茹以身作则，要求别人做到的，自己会首先做到。

回春茹抓学生的素质教育，非常注重抓规范。"先后排队买饭；不可敲打餐具发出响声；不得将餐食端出餐厅，避免污染其他活动场所""细嚼慢咽，喝水、喝汤、喝稀饭不得出声（既不能咕噜咕噜,也不能叭叭作响)""需要说话时必须音轻,嘴里有东西不要说话""不得剩饭、剩菜。实在吃不了,应在指定地方收好,不得随意泼在地上、倒在桌上"。这样的日常规矩、举止规范出现在学生管理规范条例中,回春茹还在全校会议上与教师、学生交流。实不多见!相关管理规范一共有十八项,回春茹所列举的是"餐厅就餐的规则"。小事不小,素质就在细节中。"良好的文明行为会使我们个人受益,使下一代受益,使全家受益,自己所领导的一群人也会受益。"

利用这些规范,学校对学生严格训练,切实检查,强化管理。而且,教职员工要求学生做到的,自己首先要做到。学校对教职员工的工作作风提出了更高的要求,教师、干部、工人三支队伍都制定或完善了有关行为规范的要求和实施细则。

回春茹的理念是:"学校要以学生为本,老师、教职员工,包括后勤服务人员,都要为学生服务。一定要创造一个适合女大学生成长的环境,这个环境必须是很美的。"

一天,快下班的时候,车库的一位后勤男职工正光着膀子等交接班,被坐校车回家的回春茹看见了。第二天一到办公室,回春茹就叫来主管科长,说这个员工不能用。这个员工的行为过于随便,会给学生带来不好的影响。

员工求情。回春茹说:"你的习惯是你的习惯,我的需要是我的需要。"光膀子虽然可能只是一种个人习惯,但是违背了学校培养女性人才的需要。

"那我下次一定不这样!"

"只有这一次,没有下一次!"回春茹很坚决。她的观点是:

"我们学校的学生将来是要为人妻为人母的，学校的男女老少都要给她们做一个样子。"

这个员工的行为举止已经在学生中产生不良影响，必须要加以惩治，如此才能给学生树立一种明确的是非观念。回春茹时时处处心系女大学生的健康成长、成才，大力营造良好环境。

回春茹跟全校师生交流："不是把校园文化建设看作专业教育的补充，而是把它们看作人才培养中同样重要的两个部分。争取做到两轮同转，走出高校女性人才德、智、体、美、技全面发展、独具特色的新途径。"

为此，女院采取了多种措施：首先，开选修课要注意知识性、适用性、趣味性三者的有机结合，以此激发学生的学习积极性，拓宽其知识面，改善其智能结构，陶冶学生的思想情操。

其次，广泛开展社团活动。通过组织艺术团、读书会、集邮小组、文学社、演讲协会等社团活动，吸引、锻炼学生，提高学生的能力。

再次，办好广播室，使广播室成为学院重要的舆论阵地，以此来吸引、团结、组织、锻炼和培养学生，使校园中不断涌现出高质量的女记者、女编辑、女节目主持人、女作者、女社会活动家的预备人才。

最后，把系、班级、宿舍三级校园文化点作为学校校园文化建设的落脚点来抓。综合各方面的努力，创造出有特点的系文化、班级文化、宿舍文化。最终达到寓教于乐，倡导高雅艺术的目的。

从岗位考勤到办公室文化建设，从教师行为形象到进人程序，从最基本的清洁卫生到竞聘，每项工作、每个岗位都有规范。规范给了人准则，给了人标准。大家制定规范，大家接受规范，大家在规范中凝聚了精神、提升了效能，并在学校的艰难创业期生发出努力工作与创造的强大力量，也在规范中建立了美的形象，树立了良好的文化品位与传统。

回春茹在学院第一届学生工作会议上曾这样对全校教职员工、学生说："伟大的民主革命先行者孙中山曾表达过这样的意思：女性是母亲的同义语，她是非常伟大的。我们中华女子学院要有这种自豪感，母亲在伟大的同时，还有极强的责任感。作为现代女性，更要有女性责任感、社会责任感，对我们所从事的事业要彻底地负责任。"

"一流的领导班子带出一流的干部队伍"。作为领导班子的班长，回春茹组织、带领一班人，以科学的工作方式、优秀的工作作风、良好的团队组合开展工作。一个时期的关键问题、工作重点是什么，作为班长的回春茹有着科学、准确的把握，她在科学、正确的方向之下主持决策，所带领的领导班子科学分工，各司其职、各显其能，有效推进工作。

领导班子围绕单位全局性、战略性、方向性、关键性的大问题，充分发表意见，真正做到集思广益，形成正确的集体决策。

院长分工负责制运行很有成效，分工对应各副手的长项。明确的分工、完善的规章制度、严格的管理规范让大家各司其职、各负其责。回春茹很好地让副手发挥了作用，什么事情是副手职责范围内的、什么事情是她一把手的事，她分得很清楚。对副手的工作她从不干涉，崇尚放权、放手、放心。回春茹很注重在全校推行层级管理，一级管好一级，逐级汇报。

如果班子成员出现工作失误，怎么办？用规章制度来管理。一次，一个学生来报告说，一处厕所漏水了——在女院，院长的办公室向所有人，包括学生敞开，学生也习惯有什么事直接找院长——回春茹当即布置给主管副院长。副院长交代给处长，处长又交代给科长，就这样布置下去了。之后副院长跟院长说："都安排好了，您别管了。"

回春茹说："弄好了？"

副院长回答："弄好了！"

回春茹就去了出问题的地点。结果，漏水的地方还在那儿漏着。原来，接到任务的科长并没有安排工人维修。

那一次，按照学校规定，相关的副院长、处长、科长都受到了处罚，被扣了工资。学校的管理就是这样，制度严明，照章办事。而且回春茹就是有这样的特点，她会检查布置下去的工作，不管事情大还是小、粗还是细。这是她办学注重督导、注重质量反馈的理念的一个具体体现。

班子成员有工作失误，回春茹从不直接指错。她对全校师生员工都是这样，从不说"你这做得不对、那做得不对"之类的话。事情结束以后，哪儿做得不对，还有什么缺欠，由有关同志自己总结、汇报。"真正的教育，是自己。"自己真正认识到了错误，就一定能很好地改正过来。这样，真正实现了让犯错的人从错误中受到教育。班子成员充分发挥了各自的主观能动性，将各自的工作做得很好。

回春茹就是这样，采用非常细致的做法、非常尊重人的态度，并且注重管理的科学性，将科学性与人文性融合在一起。当好班长、建设好一流的领导班子是她的理念和追求。

"拿人当人看，拿事当事办"是回春茹的口头禅。她对人平等，不分亲疏远近,对每位班子成员都很尊重、很关心。"班子内部,不拉帮结伙,不搞远近亲疏,不搞宗派,不搞小圈子,增强民主意识,有问题摆在桌面上大家研究,对待每个班子成员都应该以诚相待,赤诚相见,光明正大,不搞小动作,要与人为善,充分调动和发挥每一个班子成员的积极性。"

回春茹善于集中大家的智慧,班子中间意见交流、沟通很畅达。她主持召开院长办公会,有时通宵达旦地开,为的是让每位副院长都能把自己的想法、意见全部讲出来。"如果我们作不出决定,可以不作,没必要非得这次作出决定。" 班子成员的作用发挥得很好。回春茹不依靠高明的个别人,更讲求团队的智慧与力量。

领导班子注重学习,实行良好的学习制度。领导班子中间也兴学习进修之风。这些有力地提升了班子对学校建设与发展的驾驭能力、创新能力。

回春茹很关心班子成员,以诚相待。班子成员之间关系很好,很和谐。曾有一位同志患了癌症,回春茹亲自炖汤送去,生活上的照顾可谓无微不至!领导班子精诚团结、凝聚有力,合力开拓创新。

人有差异性,不可能总是意见一致。回春茹对此的做法是"退一步海阔天空"。她有深刻的大局意识,积极与他人处好关系,不计较个人得失,着力维护学校安定、团结的大局。一把手要搞好跟党委书记的关系,回春茹对此非常明确。作为行政一把手,她认真执行党委的决策,从不打折扣,表现出不凡的胸怀、魄力。

回春茹有一种特殊的本领,就是在人际交往中能与他人建立同志兼朋友的关系。人在社会上工作,都有一种愿望,都希望工作中的人际环境能和谐愉快。要实现这一点，并不太容易，需要双方都自觉努力。

回春茹的心得是"我要做什么事，就说服大家跟我一起做"。

1995年9月，学校要完成一件大事：搬家。经过调研、集体决策，领导班子制订了搬家方案。回春茹给大家的时间是三天，给校长办公室工作人员的时间则是一天。一天以后，学校就要正常运行。校办的同志们接到这个任务，都感到有些吃紧："就一天？"搬家可不是简单的事，就是个人家里要搬家，不也得好几天？大家觉得要一天完成，难度挺大。但既然提出了任务，肯定得去做。

回春茹前一天晚上便来到新校址，指挥开展搬家工作。校办工作人员提前一天打包。体力不够、人手紧缺，学校各个部门都在奔忙、都缺人。在这种情况下，校办的同志们全把自己的家属动员过来了。年长一点的，老伴来帮忙；年轻一点的，把丈夫、弟弟，还有住在附近的亲戚，全动员过来了。来帮忙的家属职业不同、级别不同，有的是局级领导、总政干部，有的还穿着军装。

女同志干起活来就是拼命。女子学院男同志少，老师、学生树立了一种"有山靠山、无山独立，想要就不依赖，不等不靠"的观念，搬搬弄弄、装装卸卸，全是女同志。要在别的单位，很可能是男同志上、女同志让开。

新校园里一派繁忙景象，后勤同志那边安窗帘，这边则安装电话。大家在新搬进去的办公楼里来回穿梭，热火朝天。就这样，一天的时间，所有的东西都到位了，大家一整夜都没有睡觉。食堂、宿舍等部门也是繁忙非常。至于图书馆的同志，更是三天三夜都没怎么休息。

草创岁月，荆棘丛生。当时学校位置偏僻，经过的公交线路很少，周边的人们也少有知道中华女子学院的，有外面人来学校，打听很久都打听不到，找了很久。针对这个问题，由于公共汽车站不能用学校的名字命名，回春茹就想了一个办法，将司乘人员请来学校，向他们介绍中华女子学院，请他们报站时向乘客通告："这一站可以去中华女子学院。"

不想更大的问题又来了。经过学校的公交线路运行了一个月，由于乘坐公交车的人数少，公交公司打算取消这条线路。情况紧急！回春茹就动员全校教职员工，让大家多坐公交车，还给教职员工发钱，鼓励坐公共汽车。一定要保住这条线路！最终，不仅这条公交线路保住了，而且此后相继有三四条公交线路经过学校。

条件匮乏，回春茹就巧妙公关，一点一滴地打开局面。回春茹秉持"内和外顺"的方针："一个人、一个单位、一个地区，乃至一个国家，要生存就必须有人提出需求、有人认定、有人帮助、有人管理；要发展就绝对不能搞封建小农经济作风，老死不相往来，封闭自己。"她对教职员工说："大家要正确把握社会公关，通过公关使社会各界力量能够想着学院、念着学院、愿意帮助学院、祝福学院，这样学院才会兴旺、才会发展。"

在国家只立项、不投资的情况下建一所大学，其难度是可想而知的。回春茹举重若轻，积极筹划，多方奔走，攻克了一道又一道难题。

她擅抓机遇，绝不放过任何一个为学院争取资金的机会。1997年底的一天，中国妇女发展基金会在时任会长陈慕华的主持下召开理事会，为中华女子学院继续集资。会场就在中华女子学院礼堂。

时任基金会副会长朱琳女士当时正在谋划捐资助学，回春茹便紧紧拉住朱大姐的手，向她汇报学院的资金困难情况，恳请她转送一份学校给总理的报告，她欣然答应。在她的热情帮助下，学院很快得到了总理的支持，由国务院特批的总理基金3 000万元解了燃眉之急。

有一年，学校的大学生假期返校，在购买火车票时，不能同样享受半价购买火车票的待遇。回春茹便带着学生提出的问题，专程来到教育部学生司。之后，教育部学生司的相关工作人员陪着她去找铁道部，而且特别强调了女子院校的特殊社会地位。回春茹说："不是每所大学，国外领导人的夫人来了都会去。但是我们中华女子学院，外国的领导人、政要来了，他的夫人必定要到我们学校。"通俗、精辟的讲解让大家一下子理解到女子学院的特殊地位。最终，教育部办公厅在给铁道部办公厅发的文件中专门为女子学院写了一段，要求铁道部办公厅在普高学生火车票待遇上给以政策支持。

回春茹与朱琳大姐和时任总理李鹏

时任总理李鹏听取中华女子学院工作汇报后留影
左起吴薇、安淑芬、李鹏、朱琳、回春茹、郑伟功

回春茹想告诉大家："中华女子学院的事，是国家利益。学院是党中央对外交流、对外宣传的重要窗口。"国家各部门、社会各

回春茹在曾宪梓家里向曾黄丽群汇报由她捐资800万人民币建设的图书馆使用情况

中华女子学院接受邮电部捐赠支持

界力量要有对中华女子学院的了解和认识。"教育部必须知道,铁道部必须知道,财政部、国家计委、发改委……都得知道:国家两千多所高校之中有一个女子学院,要格外地给予关注。"回春茹说:"这也十分符合第四次世界妇女大会提出的'社会性别主流化'战略的精神,全社会、国家各部委都要重视。应重视男女平等,并将其纳入决策。"

回春茹作为一校之长,带领全校师生员工奋力拼搏,锲而不舍,爬上了一个又一个新台阶,攀上了一个又一个新高度。1995年8月,经国家教委考察核准,"中华女子学院"这一校名正式启用,时任国家主席江泽民亲笔题写了校名,时任总理李鹏为学院题词,时任全国人大常委会副委员长陈慕华出任名誉校长并题写了校训"团结、勤奋、求实、创新"。1995年12月,学院完成了更名、扩建、迁址、提高办学层次的四大任务,至此,中华女子学院跨入了一个崭新的历史发展时期。2002年,在春节的喜庆气氛中,女院人收获了成功转制、进入普高序列的喜讯。2005年辞旧迎新之际,女院人又通过了教育部本科水平评估,并取得了良好成绩。2006年,年满60岁的回春茹教授,光荣而自豪地离开了领导岗位,走进了退休教师队伍。

与时任中国妇女发展基金会秘书长王萍、全国妇联书记处书记康泠接受香港企业家宫如新女士的捐赠
右一是王萍
右二是回春茹
左二是康泠

第三章 争创一流 追求特色 超常发展

　　随着我国高等教育结构的调整,特别是成人教育规模与模式的调整,成人高校要在这个历史过程中接受挑战、经受考验。在关乎生死存亡的考验和巨大的挑战面前,回春茹带领女院人努力探索,科学定位,以深化改革、苦练内功,提高办学实力,赢得生存发展空间,不断爬坡,借势而上,瞄准一流大学目标,锲而不舍推进妇女高等教育。

时任全国人大常委会副委员长彭珮云视察中华女子学院
左一是莫文秀　右一是回春茹

　　考虑到女院在发展我国妇女教育事业、全面提高妇女素质以及对外交流方面的特殊性,学院上下一直在为寻求一条适合学院发展的道路而努力探索,并初步确立了争取进入普高系列,保留原校名,维持现有的本科招生规模,以发展高职教育为主,办出女性职业特色,通过举办多层次、多规格、多渠道的女子教育促进高等教育的发展。

创新模式 培养T型 "四自" 女性人才

中华女子学院培养的是社会需要的人才,培养的是社会主义的建设者,跟历史上的或国外的某些女子学校培养小姐、培养夫人的目标是迥异的。男女平等并不是说将女性与男性等同起来,回春茹在这一点上有深入的认识:妇女解放并不是让女性举手投足像个男性,不是搞 "男性化",女性有女性的美,男性有男性的美;妇女解放并不是女性不做家务,而是共同尊重家庭价值、分担家庭责任,尽力让男女两性都能在家庭、社会两个领域发挥作用、实现价值;妇女解放不是妇女压在男性的头上,而是性别和谐。回春茹的这些观点深得中国传统文化的精髓,站在马克思主义妇女观的立场上,对外来的、形形色色的性别解放观点作出了清醒的辨析。

把女学生作为学校的中心,把教学工作作为学校的中心工作是院长回春茹极为明确的观念。女子学院主要以女学生为培养对象,这在建校时还引起了不小的争议。有人质疑这是搞单性别教育,会造成教育上的不良后果。创造一个只有女学生的教育环境,如何更有力地破除男女不平等对教育的影响、更充分地释放女学生的潜能,使女学生全面发展,从而培养出更高质量的社会主义女性人才,走出一条培养新型女性人才之路?回春茹带领女院人努力探索着。

"非典"时期顾秀莲看望
学院师生员工
左起依次为石春珍、回春
茹、张李玺、莫文秀、苏凤
杰、顾秀莲、华福周、黄海群

　　回春茹深入钻研妇女高等教育的理论与实践,既立足于高等教育发展的前沿经验和认识,又积极吸收女性学的成果,精心育人,务求实效。

　　"必须使全体教师明确人对教育的需求是多规格、多层次的,教育的成功就是促使教育对象发展自身的能力优势,成为对社会有用的人。"学校经过深入研究,将学生培养目标定位为"德智体美劳全面发展的,适应社会主义现代化建设需要的中高级女性管理人才和专业技术人才"。围绕这个目标,学校全力构筑具有实践教学、女性学学科与素质教育等几大特色的人才培养的系统工程。学校在制订专业教学计划、研究教学内容和改革教学方法上,都注重女生在年龄、生理、学习心理等方面的特点,体现出鲜明的特色。

　　培养女性人才,实践、创造的能力是最重要的。社会大众对于女学生,历来有动手能力差、创新性弱的印象,更有"分数高、能力低""只会书本知识"等偏见。解决这一问题的关键是要发展、转变对女学生的教育教学方法。回春茹提出要采用现代的教育方法,打破封闭的校园教育,实行产学结合的教育。女院大力探索、建立实践教学体系。教学内容也要更新，这要求教师深入实践。为此，学校注重专业课程体系的完善、发展和调整。学院在经费上有困难，但再难也不能难教学，再紧也不能挤教学。学校大力改善办学条件，特别是建设较完整的、较高水平的校内实践教学基地，提高了实践教学水平和教学质量。1997年，女院在全国率先建立了第一个社会工作实验室。这对社会工作专业的教学、人才培养发挥了积极的促进作用。数年后，女院的社会工作专业发展成为全国领先专业。

学校注重学用结合，努力缩短学用距离，回春茹在人才培养方面的一个重要理念是"一专多能"。"我们培养的人才是T字形人才：一竖是专业，一横是综合素质。"例如学生在大学三年级的时候，全都学驾驶，考驾驶证。在20世纪90年代末的大学，而且还是女子大学，有这样的课程设置，确实让人感到新鲜！女院正是基于对时代特征趋势的把握、对所开设专业针对的社会领域的人才需求特点的深入掌握，并打破女性成才上的传统的条条框框，才做到眼光独到、敢为人先。

"学生到毕业的时候，有秘书证、外语证、计算机证等7个证。这样就业面比较宽。"回春茹要求教师打破"科技离女生很远"的传统观念，培养女学生掌握多种现代技能。当她们进入社会

回春茹与全国企业领导科学研究会张益中、张凤吉两位专家在一起

的时候，表现出的不是畏缩、迷茫，而是自信、自尊。"要给她们提供这样的机会、这样的平台。"

这些教学实践帮助女学生认识女性自身，了解如何在社会中认清历史与现实，从而对作为女性的价值、责任有准确、深刻的认识。回春茹重视培养女大学生的合作精神和能力。"善于与人合作、具有良好的合作精神和能力已成为新世纪女性管理人才必备的一种素质。"

在学校的人才培养中，回春茹还非常注重对女大学生健康、积极的心态的培养。"一个人如果能学会从容，能以健康、积极的心态面对生活、面对人生，勇敢地接受挑战，实际上她已具备了成功的基础。特别是作为女性，具有健康、积极的心态显得更重要。"学校专门为学生们开设了"人生哲学""领导科学""性别意识工作坊""自我认知和自我成长小组"等课程，请成功女性做报告，讲影响力的形成、挫折容忍力的培养、协调能力的训练、非智力因素的作用等，还请专业人士为有需要的学生进行心理咨询和辅导。

回春茹曾要求学生每天早上进行自我心态训练，即微笑着问候身边走过的每一个人。你问候别人，对方是否回应你并不重要，重要的是你自己在心理上升华出一种热爱之情，一种文明心态。这种心态从保持一天，到保持一年、保持一生。这是一种健康心态的锻炼，是一种乐观情绪的锻炼。这也是回春茹自己的长期习惯和心得。真是修养在于点滴！

有段时间学生中流行过生日，回春茹了解到这个现象，在一次会上对学生们说："下次等你过生日的时候，你给你母亲打一个电话，跟她讲：感谢你让我降临到这个世上，感谢你培养我上大学。"细微中见真义,学生们颇受启迪。学生们说:"院长讲的,都是做人的道理!"教职员工也感受到了院长让学生先成人、后成才的理念。

有一次,一位女学生偷了东西,被同学查出来了。学校有规定,对有偷东西、打架行为的学生,学校都是要开除的。有这种行为,是对自己不负责任。用回春茹的话说,你偷东西,那将来你的孩子是不是也偷东西?你的丈夫是不是也这样?现实中的一些事例也确实如此,一些男性的贪与在其身后做妻子的品行不端不无关系。所以"只有这一次,没有下一次"。主管部门和院领导很快作出了将这名女学生开除的决定,并在全校公布了。

学生家长找到回春茹,希望她能收回那个决定。回春茹跟家长讲:这肯定是不可能的。同时她作了一个额外的努力,联系了学生家乡所在省的一所学校,请其帮助,让这个学生转到该校实习一年,接受该校的考察。一年后如果通过了考察,再从中华女子学院毕业。

之所以这样安排,回春茹的用意是:"对学生,既给她一个出路,也给她一个教训。"真是兼顾各方,巧于安排!对这个学生,学校没有仅仅开除了事。学生也觉得:"学校对我是负责任的!"她珍惜这个改过的机会,后来很有出息。而对全校学生来说,从那以后,再没有第二个人敢偷东西!

回春茹跟学生开座谈会,给学生上课,帮助学生进行求职面试模拟。在她看来,老师面对学生,要将专业教给学生,而院长不教专业知识,她要将学校人才培养最根本的东西教给学生。女院培养学生,最根本的就是培养她们树立"自尊、自信、自立、自强"的信念。作为院长,她要把这个教给学生。

　　"中华女子学院的学生可以不漂亮，不可以没有气质。"这是回春茹对学生的要求，也是女院学生的写照。

　　必须抓住学科建设这个中心环节进行教学、科研和人才培养，始终把妇女学学科建设作为学科建设工作的重要目标和基点。通过大量女性学课程的设置和日常教学、生活管理来培养女性的社会性别平等意识，让每一个学生都能够意识到女性在社会发展中不可替代的作用，使她们的自我意识逐步得以体现。

　　学校的招生规模扩大了，教学质量不但没有松懈，而且适应了更高的要求。学生们说："一方面，系里紧抓我们的学习，让我们在学习方面打下良好的基础；另一方面，为我们积极筹建学生社团组织，锻炼我们的组织活动能力和工作能力。"

　　有一位法律系毕业生对自己参与组织的一次学生活动印象非常深刻，她当时担任团总支书记，团总支成立了"爱心社"，那次是和北京大学"爱心社"联合举办为癌症病人募捐的"义跑活动"。"义跑路线是沿着长安街跑10公里。女院的女生一看到此项活动的通知，都积极报名参加，我们原本设想的是百余人参加，可一下子报名了300人。在我们出来活动之前，系里的老师千叮咛万嘱咐，怕我们第一次300名女生一起进行活动有什么差错或（有同学）在跑步过程中掉了队。"回忆起当时义跑的情景，她难掩激动和自豪："当我校女生穿着整齐的校服齐刷刷地出现在天安门广场时，我们使劲挥舞着手中的大旗，我们和其他男女混校的学生相比，步伐更加整齐矫健，人们向我们投来更多的羡慕和钦佩的目光。"女院的学生就是有这样一种巾帼不让须眉、为女院争光、为女生增光的心气。所有的女生都坚持跑完了全程。人们也许是被女院学生的热情感动了，纷纷解囊捐钱，活动取得了成功，帮助了癌症病人，这让学生们喜悦无比！

女院的实践教学已经取得了一定经验和成绩，得到了社会用人单位的肯定和好评，但学院也清醒地认识到在培养学生创造性等方面存在不足，因此，十分重视毕业生与社会用人单位反映的情况与问题。

1999年，莫文秀任书记，张李玺担任第一副院长。学院书记和院长带队，走访全国各大院校进行考察学习，并在校内展开了学院的定向、定位问题大讨论。在学科立校的理念下，回春茹帮助张李玺很好地发挥了才干。张李玺勇于担当，迎接挑战，快速成长。2000年，回春茹被评为享受国务院特殊津贴的教育专家。

特色办学，组建优势专业和学科群

世纪之交，放眼世界，深入研究、认识世界一流大学的办学规律，更加坚定了女院人走特色办学道路的理念。

一流大学究竟有怎样的办学之道值得借鉴？普高院校与成高院校办学模式的差异何在？作为普高院校群中唯一一所女子学院，应如何定位自身？是否有独具特色之处？要培养什么样的人才？如何才能保证培养目标的实现？哪些教育理念应该被引入、被尊崇？怎样才能提高教学质量从而在真正意义上跻身于强者林立的普高院校行列？回春茹进行了大量的研究与思考。通过对世界一流女子大学的深入调研和分析，她有了比较成熟的看法。她归纳出以下一些世界一流女子大学的基本特征。第一，科研成果卓著，学术声誉很高。第二，学术大师汇聚，教师素质高。第三，科研经费充裕，研究力量雄厚。第四，办学特点鲜明，办学理念明确，有较为悠久的发展历史和深厚的文化底蕴。在长期的办学实践中，形成了鲜明的办学特色和明确的办学理念，不断地适应社会经济的发展需要，并据此确定发展战略和目标定位，主动进行改革和创新。第五，管理科学规范，杰出领导掌舵。自己的大学章程具有高度的权威性和严肃性，以章程为基础，制定各种规范，营造了规范管理和依规治校的良好氛围。第六，学生素质一流，生师比比较高。第七，学科水平很高，门类较为齐全。第八，国际化程度高，知名学生比例高。第九，经费投入巨大，办学设施优良。

回春茹深刻地指出："一流的大学不在于大，也不在于全，关键在于有特色并把特色发挥到极致。"敢争一流，争做中国最高水平的女子大学，必须继承中国传统的精华，吸收他国有益的经验，创造出体现时代特点的新型女子大学。

"学校做出决定，切忌贪大求全，应该集中力量在优势学科上下功夫，实现突破并以此为基础逐步形成优势学科群。"

女院要研究自己的办学特色，而且要走独立自主创新之路。女院珍视自己办学的传统与特点：历史厚重、地位独特、特色鲜明、备受关注。回春茹带领全校着力研究办学特色，组织了全校性的深入讨论和研究。

学院的各项工作都得到了迅猛的发展。特别是在1999年教育部批准学校扩招的基础上，2000年招生人数又有所增加，普高招新生达到600名，加上成人本科、大专共计招新生1 487人。普高、成高在校生合计达到近3 000名的规模。在2000年庆祝教师节暨表彰大会上，回春茹向全体师生通告了学校培养的第一届普高本科毕业生的就业情况："我还要高兴地告诉大家，今年我院的80名普高本科毕业生中，有2人考取了研究生，有55人留在北京或跨省就业，共占普高本科毕业生总数的71%，其余回到家乡发展。成高生的就业情况也较好，学前系的38名毕业生被用人单位一抢而光。这说明学院在全社会的声誉与日俱增。"

大学是人类文明的高级形式，大学校长使命光荣、角色特殊、责任重大。作为女院校长，回春茹要在每个重要关头思考未来、做出科学规划，要站在21世纪的入口，集中大家的意见，总览全局，深入实际，抓住学校发展的关键问题。

回春茹认为："作为一所规模并不大、本科教学历史很短的学院，我们深知盲目学习重点大学的办学模式并不切合实际，跻身于重点大学行列也非一日之功，但走出一条有自己特色的办学模式之路，培养适应社会特定需求的人才，对每个学校来说，只要努力，就有可能。"

办学特色是什么？女院组织了全校性的深入讨论，研究学校的办学特色，并将所培养的人才的特色放在中心位置。学科建设紧紧围绕着真正服务好经济社会的进步，真正培养出适应社会特定领域需求的人才展开。女院人把培养人放在最中心的位置，敢于去求索这个办学中最核心、最复杂的问题。坚持以教学改革为龙头，以人事制度改革为重点，以后勤改革为保障，突出办学特色。

"中华女子学院提出的快速发展、超常发展，并不是单纯的速度概念，而是办学理念所强调的把学院办学的各种因素和资源调整到最佳组合状态，规模的扩大与质量的提高取得双赢，办学特色和效益取得双赢。"

按照教育部规定，2006年学院才有学位授予资格。在此之前，由于没有独立的学士学位授予权，学院的工作受到很多限制，这制约着学院的发展。学院要发展，必须打破常规进行创造性工作，要打"攻坚战"，尽早申办学位。学院一方面加大了对教学的投资力度，特别是在师资队伍、科研、图书资料及实验室建设等方面的投资，另一方面，狠抓教学质量和办学特色。全院上下用锲而不舍的精神和扎扎实实的工作再次促进了学院的发展。

实践教学是整个教学环节的一个重要组成部分，在提倡和推进素质教育、创新教育的过程中，这一部分尤为重要。为了更好地落实这一教学环节，学院首先鼓励教师将自己培养成为理论与实践相结合的"双师型"教师，比如鼓励教法律的老师考律师证，教财会的老师考会计证，教学前教育、社会工作的老师都有自己固定的托幼院所和各类社区服务中心等实践基地，要求教师的课堂教学有必要的实践内容。其次，重视教学基地的建设，抓好实验教学和社会实习工作，积极为学生实践能力的培养、专业知识的增长和人文素养的提高创造第二课堂。学院有适应实践教学需要的各种实验室，学生有较固定的校内外实习基地，所有的教学实践环节都由实践经验丰富的教师指导。同时，遵循培养目标定位精神，学院实行学历证书和职业资格证书并重的"双证书"教育，鼓励学生在接受本科基础教育的同时，接受职业技能培训。学院利用周末开设相应课程，使学生在校期间就可以通过考试考核，取得有关职业上岗证书，如计算机等级证、外语等级证、会计证、驾驶证等，从而为学生踏入社会提供更多的就业选择机会。为了满足在未来的广阔天地里建功立业的需要，女性要有新型的知识、能力、素质基础。

　　回春茹重视女性学在女大学生的培养中的重要地位。学院始终把女性学的学科建设作为学科建设工作的重要目标和基点。

　　对这一新兴的学科，回春茹认为："女性学是与中国经济的发展和女性自我意识的觉醒紧密相连的学科，目的是培养新世纪的高层次女性人才。她们能以崭新的理念和方式展现女性的创造精神和实践能力，能够在各个领域体现女性特点，发挥女性特长。她们的影响力、号召力以及突出的业绩将把女性的作用、地位实实在在地提升起来。这将是女子高等教育对男女平等、女性解放与发展的崭新贡献。"

　　女院将女性学坚持了下来。回春茹对这个新的课题进行了深入学习，她善于在纷繁芜杂中抓住实质、抓住核心、抓住要点。女院对女性学的建设采取"先科研教学"和"先招研究生后招本科生"的工作思路。在面向21世纪女性高等教育建设的基础上，先建研究中心，然后成立系，适时再招收本科生。1998年，社会工作系的妇女学教研室从系里独立出来成立妇女研究中心，2001年发展成为女性学系。女性学系承担学院各系、各专业、各年级女性学导论必修课，同时承担着各层次、各条战线妇女干部的培训任务。

　　2004年，学院创建女性学专业并开始招收女性学本科辅修专业学生。后来，该专业相继登上招收本科生、招收硕士研究生、获批北京市和国家级特色专业、被教育部列入本科一批次招生的一个又一个新的台阶，立下中国女性学学科建设的里程碑。

　　正是在科学的工作思路与部署之下，学院的女性学学科得以在高起点、在较为成熟的基础上建立，培养效果良好，发展喜人，显示出回春茹从女院的实际出发，深谙学科建设规律的远见卓识。

女院女性学的学科建设还有另一个突出特点：女性学与女大学生培养相互作用、相互促进。"将女性学研究的成果应用于当代女大学生的培养，用高等院校女性学学科建设的成果促进女性学研究的发展，这是一个相辅相成的过程。"

学校积极组织了对毕业生和用人单位的调查，收集对教育质量的意见。1996年、1997年对毕业生进行追踪调查。2000年暑假，女院通过走访用人单位、与毕业生谈心，进行了调查。用人单位普遍反映，女院的女大学毕业生有四个突出特点：政治素质比较好；自尊、自信、自立、自强的"四自"精神表现突出；知识结构合理；自理能力强。总体评价是：工作认真，虚心好学，服务意识、责任意识、竞争意识、合作意识强。

女性学的建设、发展为女大学生教育开拓了广阔天地。回春茹看到，通过女性学的课堂教学，女学生受益很大。一名学前教育专业的学生对以前在幼儿园实习分配玩具时总是让男孩玩皮球、手枪，让女孩玩毛毛狗、娃娃的"惯例"有了新的认识。她意识到这种做法是对传统性别分工的强化，于是更加自觉地从性别视角出发，在孩子们玩角色扮演游戏的时候让他们自由地选择角色，而不局限于传统的性别分工。

一名女生在作业中写道："体重只有102斤的我由于觉得自己身材不好而备受折磨。在吃了减肥药不管用后，我又尝试食物疗法，经常一餐只吃一根黄瓜和一个西红柿。当我学习了社会性别理论，我醒悟了——美是多元化的，我的身体属于我自己，为什么要按照男性的标准来束缚自己？我健康，我快乐！"

回春茹深刻指出："现代教育强调以人的发展为中心，它的一个重要特征是注重性别平等，让所有人，特别是女性，最充分地发挥自己的潜能。"

回春茹说："女院的女大学生接受了这样一种性别的视角、性别的觉悟，树立了四自精神。在这样的培养教育下成长和她自主地成长，是不一样的。从中华女子学院出去的学生，知难而进，迎难而上，确实做到了自尊自信、自立自强。"

有一年，有个学生到广东东莞求职就业。经过反复筛选，最后就剩下两个候选人，这名学生是其中之一。经历了几轮选拔，她们进入最后一轮。这一天，人事主管通知："今天我们要去见领导。你们俩9点钟到大厅集合，去见老板。"进入最后一轮的两个学生按时到达。

到了之后，只见人事主管有些着急："司机怎么找不着了？"

名牌大学毕业的那位学生见状，就在一边坐着看书等候。这或许是多数刚从校园走出来的女大学毕业生会有的表现。

女子学院的这位学生则颇为不同，她陪着人事主管到处找。女院学生很重要的一个特点是"喜欢张罗"。厕所都找了，是不是抽烟？是不是有什么事？找了15分钟。

"车门是开着的，应该不会走远。"这名学生分析。人事主管挺着急，怕误了时间。太晚了，老板要批评的。

情急之下，只听女院的这位学生说："您要是认识那个地方，您指路，我来开！"说着，拿出了自己的驾驶证。

人事主管特别惊讶："好，你开车带我们去！"

车开了半个小时，下车以后，人事主管当即说："你被录取了！"

"女院学生就是这样！"回春茹说，"上手快，谦和，主动，积极，什么都不惧。"

这名学生是回春茹在学校给学生们上的修养课上的学生，她给老师邮寄回了一个特别大的喜讯："回院长，请祝贺我吧！我被录取了！"

回春茹看着，眼泪都流了出来！她跟经历层层选拔、最终胜出的学生一样高兴，她也为学校特有的人才培养理念与模式在社会中经受住了检验、受到了欢迎而高兴。

学校于1985年开办的学前教育管理专业在国内高校中很少有设置。这个专业以培养幼儿园教师与管理者为主要目标，在课程设置上，既注重培养学生掌握现代管理知识，同时也注重学生基本功的训练。学生既是合格的教学人员，又是合格的管理人员，很受社会欢迎。

对学前教育这个特色专业，女院在新的阶段做出了新的规划。学前教育专业定位于适应未来幼儿教育发展的需要，旨在培养德智体美全面发展，掌握学前教育基本原理与技术的高素质幼儿教育工作者。

20世纪90年代后期，关于学前教育专业上不上本科、招不招本科生，大家议论挺多，有分歧。"幼儿园阿姨都要本科生？"以当时的市场需求来看，高职的学生条件已经很好了。但是女院看到，家长的要求越来越高，幼儿园的发展又对幼儿园教师有很大需求。随着社会的发展，已经有更多的人认识到学前教育是基础教育的基础，丝毫马虎不得。学前教育管理系从1997年起开始招收高中起点四年制本科班生。

大家还在观望的时候，女院学前教育的本科生学完4年的课程毕业了,市场已经开始要本科生了。其他大部分院校还没有毕业生。有毕业生的,又不是按幼儿园老师的方向培养的。而学院学前系本科生一进来就是照着幼儿园老师的方向去培养的。这样,这个专业的人才培养目标就非常明确了,学生对毕业后的去向也心中有数了。

又过了几年,学前教育系开设了音乐表演方向、英语方向的专业。到学生毕业的时候,市场又开始需要这样的人才了。

另外就是专业建设,专业课程设置要让学生毕业后既能当园长又能当管理员、老师。最后要给学生一个平台和出路。没有人在你一毕业的时候就让你当园长,所以舞蹈、游戏设计、营养、心理这些基础课程都要学。然后,还要会看财务报表、会管理。

女院在课程的设置上和其他大学的学前教育专业不太一样。针对一般学前系毕业生进入工作岗位后不能立刻投入工作,还要用人单位再次培训的弊端,女院在每学年都设有实习期,而且每门课程都有实践学时与之相对应。

这样,在用人单位需要学生的时候,学生就很容易走到那个地方。学生说:"一开始我就知道自己什么都能做,该怎样完成工作我也很清楚。"学生在岗位上,上升不仅需要空间,还要有能力。学生们自己有句话:"从前台干到老板台。"这个概括非常好。

这个专业的毕业生颇受用人单位的欢迎,不仅就业率达到100%,而且用人单位还要提前一年预定。"我们有一个口号,就是说我们推出去的学生跟社会的距离要最小,推出去的人才要有用。"

在回春茹的理念中,教育的目的是最大限度地促进人的发展,妇女教育就是要最大限度地促进女性作为人的发展。培养女性人才需要充分适应女性的特点。女性同样是祖国和社会的建设者,在21世纪,更多的女性将投入到广阔的经济社会中,要在各个领域承担责任、作出贡献。必须让女性得到良好的教育,具备优秀的素质,要培育她们成为跨世纪的新型人才。

回春茹到湖北革命老区扶贫,帮助农村女学生

第四章 用人所长 容人之短 帮人所需

　　在女院创建妇女高等教育的崭新而艰巨的事业征程中，人才是一个关键的因素。相比于事业所需要的人才队伍，女院尚有较大的缺口和差距，人才队伍的建设将是一个长期的、细致的培育过程。在几年的征程中，学校教职员工队伍的年龄、学历、职称结构有了显著改观，同时，女院要向普高转制的目标在复杂变动的环境中向学校提出了更高的发展目标和要求，决定了很多新课题有待探索，这些都要求人才队伍的建设迈出新的步伐。回春茹爱

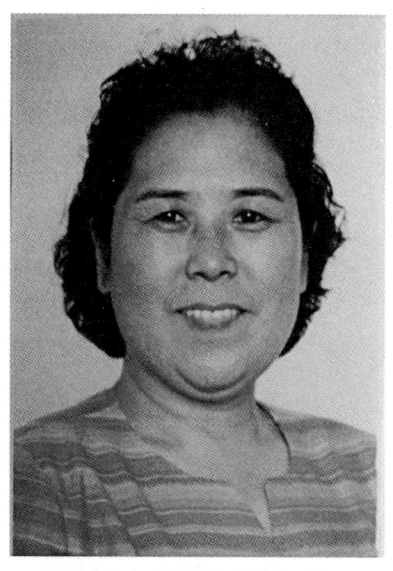

就任中华女子学院党委常务副书记

人才，知人善任，善于为人才创造良好条件，实行科学的人才政策。多年的实践、丰富的经验、高度而深刻的理论认识让她具有了一套非常有特色的、纯熟的用人之道，形成了她特有的优良品格与工作作风。

用人所长 明理顺气

一个干部不一定方方面面的条件都很好，但如果在某一方面很突出，回春茹就会大胆任用，很好地发挥出其才干、作用。"用人所长"是回春茹的用人之道。她曾撰文探讨：在用人的问题上，人才观念是一个十分重要的问题，究竟什么样的人是人才？她的回答是："用其所长，即为人才。"回春茹举了一个颇为精当的例子：陈景润是世界闻名的杰出数学家，但用其当一名中学教员，则很难胜任。这发人深省：有的人在某一方面有特长，而对其他方面很可能不擅长，有些方面甚至是他的弱项！所以从用人的角度讲，一定要将人的长处用起来。

知人善任要求用人者要对所用之人有清楚了解，了解其特点、长处；也要对有关工作、岗位需要什么样的人有准确认识。

"我用你所长，不用你所短，也不看你所短。"回春茹在用人上、在工作中颇为高明，非常大度。

干部聘任、提拔的程序非常规范、严格，自荐、群众推荐、领导举荐、竞聘演讲、领导考核，一步不落。首先要自荐。院长回春茹说："不自荐者不上岗。"因为你不热爱这个岗位。重视群众的监督作用，让群众帮党委去选干部、去监督干部。

回春茹非常注重使用干部的方式、方法。回春茹对下属很尊重，有什么工作，她跟下属商量：这个事情要做，咱们怎么做。而不是简单地下命令。她支持下属的工作，让下属放手去做。回春茹所信奉的"不干涉""不指错"的管理之道在这方面也发挥了积极作用，下属工作时很有创造性。"用人不疑，疑人不用"在回春茹身上得到了充分的体现。

回春茹很尊重她的下属。"确实有困难，她会给你解决。如果你说确实不能承担，拒绝了，她不会生气，通情达理。"逢东励回忆说，"1999年学校五十周年校庆的时候，我没能参加。当时母亲病危，我无论如何都要请假，回院长二话没说，叫来司机，说：'送逢老师回家'。"院长的理解与大度令她非常感动，要说当时筹办校庆是大事，正是需要人手的时候，院长还能这么通情达理，实属难能可贵。"后来还到家里去看望我母亲，令人永远不能忘记。""跟她相处，在工作当中不会觉得压力很大，不会觉得心里憋屈。""我们做下属的，能发挥出自己所有的聪明才智来，心情很舒畅。"

回春茹很亲和，又很严格，对干部要求很严，重视培训、教育。学校坚持先培训后上岗的原则，人事处负责对所有行政、后勤人员进行上岗前培训和定期岗位培训，并配合教务处抓好教师的上岗培训及定期岗位培训。通过培训，教师、干部、职工的职业道德和职业知识、技能、管理水平不断提高。回春茹说："干部素质在于培养。靠什么培养？培训很重要！"学校每年召开的假期中层干部会，首先是培训，然后才是布置任务。

"要强化诚信意识。市场经济是法治经济，更是信用经济，没有信用就没有秩序。政策不透明、不规范，或者多变、不兑现，就谈不上诚信。诚信是为人处世的一条基本原则。为政以诚，名实一致。职务与其素质、能力一致，这是诚信的基础。"

"要强化责任意识。权力是一种责任，有权就要负责任。对上对下负责要统一。维护全局，再谋局部。干大事、创伟业，量力而行，从实际出发。"

这是回春茹在有一年的中层干部会上的讲话，既有高度，又有针对性，精辟、在理，对中层干部准确掌握学校的形势、领会发展战略与方针、认识工作管理之道以及加强自身修养，具有很强的启发性、指导性。

学校的干部队伍廉洁奉公，敬业忘我，积极开拓，政策水平高、业务能力强，素质高。

教师们积极进修、求学。在繁重工作之外，教师们克服种种困难，不折不扣搞好学业，追求真才实学，注重实践，避免书斋式学习，在实践中接受检验，求真求实。回春茹要求教师做到理论与实践一致，"说话要有根有据，办事要有板有眼"。全院上下学科建设意识越来越强，但学风在一定程度上有所松弛，道德建设有所松懈。她敏锐地看到了这个问题，很是重视。在会议上，她专门谈了"重视学科提高，不能忽略道德建设"的问题。她说："在一流大学的建设当中，学科的建设得到了高度的重视，学院为此不遗余力，但对道德建设却有忽视的倾向。我院在努力提高科研水平的同时，也在认真研究怎样提高教师的道德水准。除了思想教育之外，还要加强制度规范建设。学术道德建设跟不上去，高水平的大学建设就是空中楼阁。"

大家觉得回春茹院长有一个很突出的特点，就是她经常运用谈话的工作方法，而且能做到交心。

1999年，全党开展"讲学习、讲政治、讲正气"——"三讲"教育活动，女院认真贯彻开展，群众给学校各级干部提意见。当时担任人事处处长的古芬芬被提了很多意见，后勤部门有些同志提了很多，有的还说得特别狠，古芬芬感到很受打击！

回春茹知道后找她谈话，古芬芬很委屈："我不想干了，一天到晚老加班我还不想干呢，谁爱干谁干！""你把你的心里话都说出来。"回春茹对她说，"提给你的意见其实不是针对你。你没做到的地方是领导没有提到。你不要因为这个灰心丧气，该坚持、该做的还是要努力去做。"

院长进一步跟她谈："为什么还要提醒你呢？就是在将来的工作中，说话得有理，但是不能得理不饶人。你作为人事处处长，如果用委婉的语言、温柔的语言可能也能解决问题。你的性格刚中带柔，可是有时你要柔中带柔就可以更好地解决问题。有的事，用柔和的方式也能解决，就不要非用硬的方式。"

回春茹还适时地讲到牙和舌头的故事：舌头和牙同居于口中，在人碾磨、品味食物的过程中，分工协作。牙齿坚硬固执，可咬断、碾磨食物；舌头柔软灵活，起到搅拌、品味、吞咽的作用。人一生下来就有舌头，牙齿是后长出来的。人老了以后，只看到满嘴的牙都掉了，没看到谁的舌头没了。那为什么牙齿晚生而早落呢？因为它太刚强。而舌头为什么得以长存呢？因为它柔软。这就是牙齿不存、舌头犹存的故事。也就是老子说过的"大道无形、形在口中"。刚柔相济，乃为人之道。

回春茹往更深一层说："要从感情上接受他们。可能他们学历、文化层次比你低一些，但并不能说他们在人格上低一些。大家都是平等的。你由于自己的家庭成长环境，在思想上不能接受他们。你要在这样的环境中改变一下你自己。"这些话令古芬芬感到受益匪浅，古芬芬后来觉得："当人事处处长要亲民，更要有人缘，不能把人分成三六九等；要从感情上要接受他们，尊重别人。"

"从尊重人出发来教育你。"古芬芬感慨地说，"回院长给你成长的机会，让你反思。给你点到了，而不是强加给你。"这也是回春茹"明理、顺气"的管理之道的体现。回春茹爱护干部，注重在群众教育运动中避免伤害中层干部的感情，也善于解开干部心中的疙瘩。她积极与群众沟通，并向他们解释古芬芬平时是什么样的人，希望大家多多理解。

回春茹为人亲和，不给人精神上的压力。在她手下工作过的同事普遍都说："没有心理压力，大家是很平等的关系，有什么话愿意跟她说。"

教职员工与院长在工作中结成了朋友情谊，坦诚相待。而非"以利相交，利尽则疏"。这种朋友关系，是君子之交，而不是为了私利，让你给我卖卖力气。她们是很真诚的，都是从工作出发。

"在没有特别大的心理压力的情况下，人的潜能可能会更大程度地发挥出来。"虽然工作任务非常艰巨，但也能完成得很好。

在2000年以前，女院想招聘硕士毕业生还很困难。人事处处长到各高校去宣传女子学院，让人们看到女子学院虽然小，但是有发展的潜力。同时，女子学院也有优点和优势，比如很重要的一点——对女老师不歧视。学校的人才引进工作也很规范。

古芬芬回顾说："我的能力并不是很强，回院长欣赏我的地方，一个是我有原则，很正直，另一个是我政策解读能力比较强。"　"我科研能力不强，"她自言，"但越是你弱项的地方，她越是鼓励你、引导你，拉着你参加课题。"

回春茹善于用人所长。教职工说："回院长看人很准，总能用人所长。"的确如此，回春茹有一条对自己的人生要求：学人的长处，记人的好处，帮人的难处，容人的短处。

中华女子学院几位教授在党代会上
左起依次为王丽丽、孙建北、回春茹、宁玲、古芬芬

感情留人　事业留人

新来的院长，大家觉得她亲和、平易近人，说话声音不大，不温不火，有一种东方女性的美。

初到学校不久，有一名年轻教职工的父亲病逝，追悼会上，这名员工以及来参加追悼会的学校同事意外地看到回春茹院长也赶来了！时值学校迎接即将召开的世界妇女大会，基建正在最后冲刺，院长要多忙有多忙。大家实在想不到，百忙之中，院长竟还对一名普通教职工家人病逝的事这么重视、这么关心！大家觉得跟院长的距离一下子就近了。对回春茹来说，这一举动是她多年在一把手岗位上形成的、从来没有松懈过的习惯做法在女院的继续和延伸。

"院长就这样自然而然地融入到群众中，而且是群众的生活中。"当时亲历这件事的人说。院长很尊重人，对人很关心。

在谋划女院的发展思路时，回春茹不忘教职员工的实际困难和需求。她关心员工生活，重视解决实际问题。在一次会议上，一位老师讲了句意见："我现在都吃不上饭，家里连煤气罐都没有，还谈这些有啥用？"这样一句牢骚、抱怨，回春茹没有视为对学校、对自己的不敬、冒犯，也没有将这个"细节""麻烦事"放过去。她找到基建处的同志，把这个任务交给了他们。

基建处的同志有些意外，院长竟会来抓"煤气罐"这样的问题。对一个校长来说，教职工家里煤气罐的事实在太具体了。那时煤气罐是有指标的，要办多重手续，就是个人申请起来，手续都非常烦琐。

院长说："老师连饭都吃不上，这怎么能教好学？这个问题看起来挺小，实际上还是非常大的。"教职工生活问题解决不好，怎么能安心工作？要提高他教学的积极性，首先要解决他生活上的实际困难。

回春茹布置了任务："不管多难，你们基建处也要跑下来！要解决教师吃饭的问题。"

"我们试试吧！"基建处的同志应道。煤气公司等方面还要找，各方面的手续符合不符合条件，都得去咨询。

院长激励了一句："困难肯定是有的，但你们一定要克服、解决这些困难！"事情交代下去，院长也适时要求听取关于这个工作的汇报，不是说布置下去就没有检查、没有落实了。

基建处的同志跑了很多地方，将这件事落实了。就这样，解决了一批教职工的煤气罐问题。

亲历这件事的同志多年后很有感触地说："我们的院长真的是很关心职工生活！"

当时，学校的条件还较为简陋，环境还较为落后，为此，学校制订了明确的目标计划，积极实施学院、系部、教师"五个一"工程：学院建设一个好的班子，带出一支好的队伍，创造一个好的育人环境，坚持一个学院精神，打造一个好的名声；系部建立一个教学科研实习基地、一个经济实体、一个独立核算的二级账号，配备一套现代化办公设备、一台车；教师配备一套住房、一部电话、一台计算机，出版一部著作，享受一次培训机会。"改善工作、学习、生活三个环境"的方针切中教职员工的需求要点，大家看到了学校发展的希望，倍感振奋，教学、管理、后勤三支队伍都有了奋斗目标和努力的方向。

学校经受住了严峻考验，发展迅猛，干部深深感受到学校决策的正确，教育方针的正确。女院紧抓教育质量，千方百计开拓渠道，争取资源条件，内部深化改革，理顺关系，最终，办学实力得到很大增长，干部干劲十足。

回春茹对人事处有几个重要的工作指导意见：要"明理、顺气、协调、平衡、暖人心"，"要了解、要理解、要谅解、要解决实际工作中的人际关系的矛盾"。了解要深入，要下到一线；要了解编制问题、人员调动问题、教职员工培训中的困难等。老师们中间不是没有怨言，比如涨工资给这个人涨、不给那个人涨，就会有怨言出现。了解完了情况，人事处就给老师们解释政策，用实际的工作让老师们理解学校。"用你们的实际行动让大家理解政策，理解你们的工作方式，理解学院的意图。"这样老师们就可以顺气地去工作了。

人是一切事业的关键,办中国最高水平的女子大学需要一支适应新时期的要求、高素质、高水平的队伍。回春茹密切依靠集体、依靠群众,下大力气进行人事改革,建立健全机制,营造良好的氛围,鼓励成才。借助扎实、细致的工作,一支团结有力的队伍越来越壮大。

学院设有转岗、全员聘任等机制,岗位是开放性的,并保持适度的流动性。最长连任两届。两届之后,必定要流动到其他岗位。

回春茹对人事工作很重要的指示是"因事设人、因教聘人、事业引人、感情留人",让她(他)在这里心情愉快地工作,用事业留住她(他)。回春茹说:"知识分子是奔着事业来的。"重要的是给她(他)适合的工作,让每个人各得其所。

谈及院长对自己的影响,一位退休的中层干部说:"最大的影响是人格魅力的影响。""回院长很亲民,又很有原则,对中层干部要求很严,工作上高标准。用岗位职责来要求你,你只需要履行好你的岗位职责。学校对各个岗位的工作坚持定期考核。不称职率高的干部,院长会找他谈话,心平气和地和他谈心沟通,肯定优点,指出存在的问题。"

院领导的作风潜移默化地影响着中层干部。中层干部看到院长是那样敬业、勤奋、亲和、工作深入群众,她(他)们也都敬业、勤奋、深入群众。中层干部的作风又带动了下面的员工。就这样,院领导的作风潜移默化地影响着中层领导,管理者的作风影响着教师,一层影响一层,正所谓"一个领导,影响一大片"。回春茹清白做人,任人唯贤,亲民,这些都对下属的工作作风产生了很大影响。

对于关心、爱护学校的人,回春茹经常征求他们的意见。她虚怀若谷,听取各种意见,合理采纳。

回春茹院长常说:"我们女子学院发展的关键是人,首先要留住人,还要把人的积极性调动起来。留人靠什么? 靠事业、靠待遇、靠感情。"

教师住房问题是一大难点,回春茹从对人才的爱惜出发,非常重视解决教师的这个实际困难。她带领学院领导班子为解决教职工住房问题四处奔走。1998年的一天,李岚清要在中南海小礼堂做报告,上级部门发给中华女子学院领导班子5张票。学院领导班子商议,正好利用这个机会当面向李副总理递交申请住房的报告,为解决教职工的住房问题争取条件。报告结束后,学院几位领导抢抓机会把报告送到了李副总理手中,尽管因违反了工作程序,而为此事挨了有关领导的批评,但是问题解决了。

就这样,李岚清特批给学院望京普通高校教师住宅区1万平方米,学院为一百名教职工解决了住房问题。女院人对此心怀感激,铭记不忘。

多年来,回春茹院长登门看望每一位生病的教职员工和离退休人员,到医院或殡仪馆向每一位病故的同事告别,慰问和安抚其家属。

为了进行工资改革,定岗定编,学校扎扎实实做了大量的细致的核查工作。"教师比行政人员工资多上涨20%",这个20%的得出,背后是大量的工作。

"一定要将张李玺留在领导班子里。"当时担任学院副院长的张李玺2002年博士毕业时,由于在学术方面早已扬名,好多单位都希望引进这个人才。深圳大学希望留住张李玺,这在张李玺读博士时就已经定下了。"深圳大学凭什么要她，给她什么好处？人家给四室两厅的房子。"回春茹在领导班子会议中说明了这个情况，商议把学校集体宿舍的房子给张李玺。其他领导讲："你给她干吗？她丈夫也不住，她孩子也不住。现在给她也是锁着。"

回春茹耐心地和大家讲，锁着也得让她自个儿锁着。她自己锁，这房子就是她的。住和不住，这选择权得交到她的手里。

回春茹还说："把钥匙给她。而且要在她走之前把钥匙给她。她说什么时候装修，学校负责给她装修。"

回春茹在班子里多次同其他领导谈到："一定要把这个人留在领导班子里面，而且要精心培养。"

很久以后，张李玺回忆说："当时，我确实比较犹豫。我爱人工作需要调动，如果调动的话，他学校的房子就要收回。深圳大学可以解决我所有的后顾之忧。可是，女院支持我、培养我，我才有条件完成硕博连读，而且回院长顶着如此大的压力，能够作出决定，分配给我一套住房，这种以事业留人、以感情留人的做法的确让人感动。当时，回院长还说，真正做妇女理论研究，致力于妇女事业发展，探索培养女性人才成长规律的中心、基地、窗口和平台，当属中华女子学院。回院长说的这一点使我觉得，这里可以成为我真正做一番事业的主阵地。"

张李玺在后来回忆当时的情形时说："没想到我后来真的成了学院的主要领导。回院长培养干部是用其真心的。她真的做到了用人不疑，疑人不用。对于我负责的工作，她能全力去支持，有时，我在工作的过程中可能得不到群众的理解，每每此时，院长都会主动去做老师们的工作。与回院长配合，在心理上不会有太大的压力。"

对学院中层干部，回院长同样如此。回院长要求中层干部履行自己的岗位职责。一个干部能够达到什么程度，她就会帮助他达到什么程度；如果尽力了还有差距，她也会创造机会，使其通过培训、学习、自我调整、自我完善，进入最佳的工作状态。出了问题，她会帮干部们总结经验，使干部们逐渐成长。有时候对于一些不良的后果、不良的影响，她还会承担责任。回春茹作为领导团队的一把手，在爱护干部方面的确达到了不一般的境界。

回春茹用人的基本理念是：要有识人之明、用人之胆、爱人之心、扶人之德、容人之怀。这是她做领导工作始终如一的理念。"只有一流的领导班子才能带出一流的党政干部队伍和一流的教师队伍"，这是回春茹的信念。她说："尺有所短、寸有所长，不能求全责备，要大胆使用有特长之人，爱护、尊重、支持人才，促进人才成长，人才提拔要公平规范，要有制度保障。对干部的管理要严格。"

回春茹在培养下属成长上也很有心得：一项任务，你有什么计划？你有什么招法？怎么样才能做到成本最低、收效最大？最后，任务完成后，成绩归下属。

回春茹对人很好，不论是教师还是学生，不论是学校领导班子成员还是中层干部，不论是在职员工还是离退休的老同志，大家都有这种感受。回春茹始终信奉毛泽东思想中的"团结最大多数的人"的观点，包括团结曾经反对过自己、并被实践证明反对错了的人。

有人曾问回春茹："你和别人交往的底线是什么？"

回春茹说："我的底线是他拿我当人看，我一定要拿他当人看。

大前提是拿人当人看，拿事当事办。你敬我一尺，我敬你一丈。"

对方又问："要是他不拿你当人看呢？"

回春茹说："他不拿我当人看，那我自己拿我自己当人看。我自己有我自己的尊严。"

回春茹的信条是："我对我自己有要求。你对不起我，那是你的为人。我对得起你，那是我的为人。"别人怎么做，那是别人对自己的要求。自己怎么做，是自己对自己的要求。所以她不会选择以牙还牙、以眼还眼。在回春茹看来，那是没修养的表现。

有人说她："你怎么没脾气？"

回春茹说："人都是吃五谷杂粮的，怎么会没脾气。但是，发脾气是本能，不发脾气是本事，是修养的结果。"回春茹就是这样，对自己不断地提出要求。

正是这样解决了态度问题，回春茹才非常好地做到了"团结一切能团结的人"！

2003年"非典"之前，学校为迎接转制评估，把专家请来了。当时，"非典"的形势已经非常紧张了，大家隐隐约约听说了广州有瘟疫流行的传言，开始戴口罩。在这种情况下，回春茹院长说："一定要抓紧时间！"一旦爆发，学校就失去机遇了。

当时担任院长办公室主任的赵燕萍对那段时期记忆很深："所有的材料都要重新写，我们有点失去信心了。我们已经加班一星期了，结果专家来了以后一看，提出不少意见。回院长过来跟大家说，尤其是校长办公室、教务处、科研处，不能休息，马上写转制报告！院长带头，成宿地加班，整个楼层灯火通明，整整弄了一个星期。"

当时一位同志出现高烧症状。赵燕萍记得自己当时非常紧张、不安,问院长怎么办。

院长说:"被传染的话早就该发烧了,趁着咱们现在还没被传染,就踏踏实实做事。静下心来,别想那么多,做吧!"

"当时真是有点拼命了!" 赵燕萍回忆道。她深知院长想的是:如果不能赶在"非典"爆发前把专家请来进行评估,一旦"非典"爆发,就不知道要延误到什么时候了,学校发展的历史机遇就会错失!

终于把报告送到了教育部!

教育部的同志特别感动:"女子学院真是不容易!我们没有想到,你们这么几天就能把成本的报告全部都做出来!"他们立即派专家到学校进行评估。

评估时,院长做报告。前一天晚上,所有秘书科的同志都在一起,报告、演示材料还在改。到了12点多,秘书科的同志把大家认为基本上改完了的稿子交给了院长。

"院长,差不多了。"

"那不行,再过一遍。"

最后到了凌晨3点,稿子正式印出来了。院长还不放弃,让秘书科的几位同志坐在那儿,说:"我念一遍,看我的时间。"这样,大家又从头至尾掐了一遍时间。

"那您明天再讲,还不头晕了!还要面对那么多专家!"

"没关系,什么事情都是那样。事情再困难,咱们只要一咬牙,就过去了!"

评估当天,"我们脑子都是昏昏沉沉的。回院长还要做报告。"

赵燕萍一颗心悬着,"我担心啊,能不能坚持下来,昨天一夜没睡觉。待会儿还面临着专家提问,能不能思维敏捷地答出来……回院长有个特点,只要台下有人、有专家,劲头就上来了,精力非常集中。她非常圆满地把报告做了!这点我们特别佩服她!"

院长身上的坚韧不拔深深影响着身边的工作人员。

长年处身繁重工作之中,如何能够保持充沛精力?回春茹的经验是:在工作中注意调节、保养身体。比如,繁忙工作间隙,吃块巧克力,吃几颗枣,作为能量补充。开会时,中间休息十分钟,回春茹就一边走一边打电话;一边活动身体,一边处理公务。她也要求大家站起来活动活动。在办公室,回春茹有一个习惯,接打电话时,她总是会起身。这样就有效避免了伏案久坐引发的健康问题。这真是健康在于细节!此外,对于健康、养生,回春茹有一个独到而重要的心得:要养心。

2003年4月,正值"非典"肆虐前期,学院通过了教育部专家组的考察和审议,在被批准为学士学位授予单位的同时,还获得了法学、社会工作和会计学三个专业的学士学位授予权。这是学院发展史上的又一次可圈可点的跨越式进步。

"非典"形势越来越严峻。新闻每天播报"非典"感染人数,所有大学都实行戒严,人员不准随意出入,防疫人员进入教室、宿舍,一会儿消毒一遍,浓重的药味和不安弥漫在校园中。事关全校师生的生命安全,这对校长来说是一场重大考验。

回春茹召集大家开会讨论怎样封校,课程怎么上。

"非典"时期,两个学生发高烧,在医院里隔离观察。尽管有学生处,有主管学生的副书记在,但是回春茹还是要亲自打电话。而且每天打两次电话，早上一起来，千叮咛、万嘱托，怎么自我保护，像一个母亲一样，问学生情况，教学生"站在窗台边，呼吸呼吸新鲜空气"。她还说："做检查、接触人的时候，一定要戴上口罩。"

教学图书综合楼立项启动时，正值"非典"疫情严重时期。为了保证三期基建工作的如期完成，学院一边进行新1号学生公寓的建设，一边为教学图书综合楼的立项紧张工作，不畏艰难，通力合作，全面协调，穿梭各主管部门，为综合楼立项付出了艰辛的努力。2003年4月21日，主管基建工作的副院长与基建处同志在疫情最严重的时候，来到中直管理局，第一次正式汇报了教学图书综合楼的立项工作。中直管理局主管基建的局长及基建处有关同志热情接待，当场对学院基建工作人员的工作作风表示赞叹，并强调，这是在"非典"期间第一次因为工作需要动用中直管理局的"'非典'期间特别接待室"，学院的做法使他们深受感动。中直管理局表示将尽最大努力支持学院的基建工作。

学院基建工作以教学为中心，想教学所想，急教学所急，基建处同志不怕苦，不怕累，积极争取，有效沟通，高效运作。

抗击"非典"期间，回春茹在办公室住了一个多月! 在这段经历中，她最大的感受是: 在危急关头与领导班子一起选择了责任，选择了风险，选择了坚守。

分别半个世纪的同窗好友大连欢聚。前排右五是回春茹

阔别63年之后的小学同窗好友重逢
于沈阳。前排右三是回春茹

阔别50年的中学同学重逢于母校实验中
学。前排右四是回春茹

在学院党委书记的岗位上

随着学院的发展，为进一步强化党委领导下的院长负责制、提高学院领导的能力、加快改革发展步伐，2004年根据上级安排，张李玺担任院长，回春茹担任学院党委常务副书记，在全国妇联的领导下全面主持学院工作。

70岁的春茹回到了20多年前初到中华女子学院时走过的清水湖畔

在新的岗位上，回春茹发挥了自己最大的优势——依靠党委集体领导，善于倾听大家的意见。

回春茹向来认为，在高校中，党的工作是很重要的。办学首先要把握方向，要讲政治。同时，党的工作跟教学工作不能"两张皮"，应该很好地结合。两者的目的是相同的，即培养社会主义接班人。

着眼于将学校建设为教职员工的温暖之家、和谐之家，她主持召开了转制后的第一届教职工代表大会，成立了学校第一届工会委员会、教代会支委会，建立了校务公开制度。这些在后来都发展成为学校的有力的自我管理机制。

回春茹带领女院人在党的工作的规范化上做了很多工作。例如，开办业余党校，每年两期。不同于一般高校，业余党校工作不是设在学生工作处，而是设在组宣部，是由党委负责的。回春茹非常重视学生的党校工作，还亲自上课。她请顾秀莲来为学生们讲课，还组织了丰富多样的教育活动，例如，观看红色电影，参观爱国主义教育基地，为申请入党的同学开办与优秀党员交流的经验分享会等。

学院对发展新党员很重视，发展党员也越来越规范。

在新时期的社会环境中，学生入党动机多样，回春茹跟组宣部的同志们讲："学生哪怕是为了更好地找工作而申请入党，也没有关系，我们党有能力把他们的思想转变成不仅仅是为了找工作，而是为了更好地为党的事业、为人民服务而入党。"

另一项很突出的工作是"红色1+1"，这是21世纪北京市委教育工作委员会、北京市教育委员会在北京高校深入、持久开展的一项主题教育活动，由高校的学生党支部（党小组）深入大学生"村官"所在的京郊农村，与该村党支部结对，建立共建和对口支援关系，开展活动，鼓励大学生党员了解农村、服务农村，在志愿服务中增长见识、增强本领。一般高校都是学工部、团委在做，而女院是组宣部在做。回春茹对组宣部同志说："这件事不管是谁做，只要是对学生有好处，那你就做吧！"

女院的大学生"村官"工作开展得很有成效。学校党委非常重视这项工作，一直把服务基层作为学校培养人才的目标，在大学生"村官"工作中，一直倡导以科学发展观统领全院女大学生"村官"工作，并坚持与学校各项工作相结合，积极引导，提供优质服务，在引导和鼓励优秀大学生到农村基层工作等方面，创造性地开展了工作。

利用毕业生就业信息网、公告栏、宣传栏、广播等渠道，女院对北京市"村官"计划实施的意义、具体政策、相关程序等进行了积极的宣传，学校还专门召开"青春在基层闪光"主题报告会，学校院长亲自动员，同时就业指导中心的老师还积极到各系开展专题讲座。学校还请已在"村官"岗位上工作的同学回母校介绍她们的工作情况和亲身体会，使同学们正确认识"村官"项目实施的意义。

在每年的"村官"招聘启动前期，负责部门积极组织同学们报名，并坚持做好资格审核工作。工作中坚持公开公正、双向选择、竞争择优的原则，积极协助相关的区、县人事局做好选拔工作。在初试面试的同时，负责部门还对同学们集中进行辅导培训，从而使指导更具有针对性，提高了应聘学生的竞争力。

为解答应聘"村官"的同学们的问题，相关部门还在晚上设立了专门的咨询时间，在一对一的咨询和谈话中，积极引导同学们科学地做好择业选择，不但从思想上贴近同学们，更主要的是从心理上贴近她们，使应聘"村官"的学生都是经过全面慎重的考虑、自愿选择这一岗位的,从而为她们今后安心做好"村官"工作打下良好的基础。女院人就是这样,有一个突出的风格:从大处着眼,又一定是从细处着手!

由于宣传及思想工作到位,同学们对政策、对"村官"工作理解较为透彻,做到了有目标、有方向、有底数,因此每年的毕业生都积极踊跃报名。学校每年报名的学生都有150人左右,占本科毕业生总数的20%左右。2004年以来,共有72名同学被录取为"村官",还有30余名毕生去农村支教,共占学校本科毕业生的10%。[①]

学校的党、政是结合的。党的工作需要行政上的支持。除了党费,党员活动经费由学校专门划拨。有的学校可能只能保证教工党员的活动经费,不能保证学生党员的活动经费,而在女院,教工党员经费、学生党员经费都有保障。

女院的离退休人员工作也是从这一时期开始走上正规化的。在机构设立方面,学校成立了离退休工作管理办公室。办公室的离退休人员工作做得很细。离退休同志每个月返校一次,办公室为他们组织各种各样的活动,运动会、文艺节目、表演、舞蹈队,离退休同志特别活跃。不同年龄层次的老同志分成不同的组,既锻炼了身体,又有可能获得奖品。老同志得了奖,心中充满了喜悦。

返校日对离退休教职工很有吸引力。老同志有的拄着棍、让保姆扶着,有的由儿女送去、再接回,总之,一定去参加,而且越来越舍不得把每个月的活动漏掉。

每年开学伊始,在第一次会议上,学校领导会向离退休人员报告上一年的工作情况、这一年的工作计划。重阳节的时候,还有

[①] 积极引领女大学生做"村官"取得一定成绩[EB/OL].(2009-11-02)[2015-07-28].http://jtjy.china.com.cn/2009-11/02/content_3218311.htm

一次团拜,学校给离退休人员中70岁以上的人祝寿。老干部代表发言,讲得都特别感人。

女院有离退休党支部三个。有的老同志退休以后,还发展为党员。食堂的一个工人,退休以前没入上党,退休以后继续要求。她主动地做社会工作,在社会上做好事,也很突出。回春茹说:"你们一定要关注,对于够条件的,还是应该发展。"果然,这位同志成为第一位退休后入党的职工。

回春茹之所以开展离退休人员这方面的工作,是本着对人尊重的原则的。在她看来,关注、关心离退休人员是人之常情,也是社会的一种常理。"前人栽树,后人乘凉",任何一个单位都是在前人的基础上继续开创事业的。前人的贡献都是今天的事业,乃至明天的事业发展的基础。尊重老同志,就是尊重历史,尊重学校的发展基础。

女院人退休以后,心不退出女子学院,还在关注着学校的发展,继续发挥作用,这样对在职的教职工也是很好的激励。"现在我努力地工作,退下去以后也是会被关注的。"女子学院是永远的归宿。做好了这个工作,正能量很大。

这项工作此后一直很好地开展着,成了一个很好的传统,也成为高校工作中的一个先进典型。如今,大家一致认为,在各高校中,女子学院的老干部工作、离退休人员工作是做得最好的。

女院转为普高院校后,党委领导班子立即提出,"转制成功之日就是评估开始之时"。

学校实行了后勤改革。回春茹提出:一定要社会化,一定要投标、招标。成立后勤服务中心实体,按企业运作,自负盈亏,自我发展。回春茹说:"一不是为了省钱,二不是为了裁员,而是为了建立一种良好的运行机制，为了发展。"那时，后勤员工中通过沾亲带故的关系进来的比较多，队伍不精干。而另一方面，学校又迫切需要编制名额，以从外部引进教授。为此，在人事上采取了"提前退休"政策。对一批可以退下去的员工实行"提前退休一年，学校补一定的钱"的办法。当时阻力也比较大，学校为此做了很多解释政策的工作。就这样，编制空出来以后，学校引进了一批教授。要引进教授，户口怎么办？回春茹带着大家继续想办法，努力解决了这个问题。引进的教授日后都成了骨干，成了学术带头人。

回春茹给学生讲课，从来不讲大道理。"讲大道理学生不动心。不动心，就不动情，她就记不住。我给学生讲课，追求学生听了改变点什么，改变不了，也能记住点什么。"回春茹这样说。

一次，她给学生讲"家政服务"课，一位学生当即表示："我不当那伺候人的。"

课间休息时，回春茹平静地问学生："你身体哪儿不好受？"

学生说："脚不好受。"

"来，老师给你按摩按摩。"于是就给这位学生按摩起来。

按摩时回春茹问："舒服吗？"

学生回答："舒服！"

这时，回春茹说："为什么感到舒服啊？我，将我的爱心，通过我的手，传达到了你的穴位。它进入你的神经、感受，你的感受是高兴的感受、温暖的感受、舒服的感受。是不是都是积极的感受？"

"我当书记，我来给你按摩，你说我是伺候你吗？我不是在伺候你，我是在进行爱心的传递。多么神圣高尚！我觉得我不是伺候你，我是爱着你。这怎么叫伺候人呢？这是多么神圣的事业。你将来应该用你的这样的一个举动,去为别人、为更多老年人服务。"

学生没想到老师会这样说,但感到老师说的确实在理,她心生认同:"好,老师,我愿意学老年服务与管理,我将来愿意去为社会服务。"

回春茹没有用大道理来让年轻人转变看法,而是用这样一个举动,让学生从感受、体会出发去认识道理,令学生心悦诚服。

"我的事业目标是:做一名学生喜欢、家长放心的人民教师。我的人生目标则是:事业达成,家庭幸福,有高质量的快乐生活。"如果说成功的标准是是否实现了自己设定的目标的话,回春茹无疑是相当成功的。

回春茹与顾秀莲在一起

回春茹与彭珮云在一起

在中央党校学习期间,向时任教育部长陈至立汇报学院转制工作后留影

在中华女子学院,向时任全国妇联主席黄晴宜汇报工作后留影

回春茹与莫文秀在一起

　　回春茹的做事风格的形成离不开几位出色领导的指导与引领，女院取得的工作成绩除了来源于她的团队、班子的共同努力之外，还得益于各位领导的支持与帮助，她们是陈慕华、彭珮云、陈至立、顾秀莲、黄晴宜、莫文秀、范继英、马延军、王萍、贾秀总等。所以回春茹常说她几十年做了点工作，完全是因为先人指路、本人上路、贵人相助、友人监督。

回春茹与马延军在一起

与时任全国妇联副主席范继英在学院党代会议上

第五章 关于老年教育与家庭教育的实践与思考

开拓进取，办老年大学为社会贡献力量

回春茹从领导岗位上退下来以后，她觉得自己的身体和精力都还好，闲在家里很不适应。朋友们知道回春茹是一个闲不住的人，纷纷来电话约请她参与他们的事业，有的还亲自到回春茹家约请她，并许以高薪。但回春茹都不为所动，因为她在退休之前已经看好了老年事业，决定退休后从事老年教育事业，把自己的余生和精力献给为老年人服务的事业。

中国已经进入老龄化社会，这方面的问题越来越不可忽视。在退休前，作为教育专家的回春茹就看到了这个问题的重要性及其对教育提出的时代要求。她提出了"教育养老"的倡议。步入老年期的人大多有失落感，他们脱离了职业社会，回到狭小的家庭生活圈中，孤独和空虚常与之相伴，如果长此下去，他们必将把自己封闭起来，隔断与外界的联系。相反，老年人如果力所能及地参加一

些社会活动，接受各种各样的社会教育，他们与社会的联系就能保持下来，各种新信息、新观念就会自觉不自觉地被他们所接受。与社会不间断地联系又会使老年人和社会、他人的关系保持和谐发展，失落、孤独和空虚就会离他们而去。

意义还不止于此。开展老年教育，有利于开发和利用老年人身上蕴藏的巨大财富，促进经济发展和社会进步。回春茹认为，不断接受新知识、新观念的老年人继续参与劳动大军，有利于整体提高劳动者的素质。老年人原本就有丰富的工作经验和知识积累，他们坚持学习，不断追求新知，既为中青年树立了光辉的榜样，又影响和带动了知识的进步，从而促进社会的全面发展。

教育是人的事业，着眼于国家、社会发展的大计，回春茹深刻地看到：中国现在已经进入老龄化社会，在接受了学历教育、在职教育之后，从工作岗位上退下来的老年人需要接受老年教育这人生第三年龄段的教育。这是整个国家大教育中不可或缺的一部分，这种教育可以为人开创新的生活，使人生更为完美。

我国老年教育起步比较晚。"身为天下之人，常思天下之事"，"百姓忧乐是最大的天下事"，回春茹对老年教育颇有一份紧迫感、责任感。国家还有很多生存问题要处理，这方面的事情顾不上。老年教育因为受教育对象的特殊性，还不太为社会所关注，发展老年教育，情况就如回春茹概括的——"在位的人没这个心，不在位的人有这个心却没这个力"。在这种情况下，她认为自己有责任围绕中心、服务大局，做一些力所能及的事情。"总要有人先做饭，大家才能吃饭。"她愿当那个先做饭的人。

2007年初，回春茹与王萍、莫文秀、贾秀总等同志走进了中国妇女发展基金会,开始筹建北京东方妇女老年大学。2007年10月,北京东方妇女老年大学获得北京市教委和民政局批准,正式注册成立。顾秀莲亲任校长,回春茹等同志任副校长,开始了为老年教育献力的老年生活。回春茹的后职业生活就这样与老年教育事业连在了一起。

在这个新的领域里,回春茹积极学习,以丰富的办学经验、科学的办学思路、艰苦奋斗的工作作风,在顾秀莲校长的带领下,与班子成员和全体教职工团结一致,扎实开拓,勇敢创新,取得了可喜的成绩。

几年来,学校遵循"老有所养、老有所医、老有所教、老有所学、老有所为、老有所乐、老有所聚"的办学指导思想,坚持以"增加知识、丰富生活、陶冶情操、促进健康、服务社会"为办学宗旨,以"围绕中心、服务大局、积极参与、主动作为"为办学准则,突出"扎根社区、深入家庭、服务百姓、关注妇女、重点老幼"的办学特色,力求把学校办成一所多学科、多模式、多层次、多功能,集开放性教学、全方位服务、综合性开发于一体的中老年人的学园、乐园、友园和精神家园。

学校秉持先进的办学理念,运用现代的教育手段,开发了优质的教学内容和形式。在办学过程中,学校坚持"三结合,三为主",即面授教育与远程教育相结合,以远程教育为主;教学培训与科研和教材建设相结合,以科研和教材建设为主;老年普遍培训与老年工作管理者培训相结合,以老年工作管理者培训为主。

学校的主要精力一直放在远程教育上,在中国老龄事业发展基金会的领导的推动下,学校与基金会下属的文化教育委员会合作，共同开展老年远程教育。2009年，"东方银龄远程教育普及工程"开始在全国范围内实施，现已建立了拥有200多位专家和顾问的人才库；开发出3 000多课时的课件并在全国2 000多个社区及涉老机构试用，反响良好。学校设计并陆续开发出"幸福养老大课堂"一三五九课程体系，即以幸福养老为一条主线，以养身、养心、养神为三大支点，以健康、艺术、国学、生活、时政五项教育为主体，以幸福导航、养生宝典、兴趣天地、疾病防治、生活百科、老年维权、和谐家庭、奉献社会、时事纵横九大系列为主要内容，形成特色鲜明、门类齐全、讲解生动、易学易记、实用高效的课程体系。

发展到今天，"幸福养老大课堂"已在全国2 000多个教学点播放使用，不断改进和完善，已有超过200万老年人从中受益。

常规面授也富有特色。2008年，学校与中国长城学会长城书画院合作建立了北京东方妇女老年大学长城艺术学院，聘请国内外知名书画家授课。学校还与世界知识出版社携手开发中国传统文化教育课程，进一步拓展了传统隔代教育的内容。同时，学校开设了电脑操作、手工编织、舞蹈、音乐和模特等多种培训班，鼓励和帮助中老年人重新焕发青春风采。

除举办"北京老年文化节"以外，学校还开展了多种活动，其中包括"老友老歌主题艺术交流活动""建国60周年书画展""老少共话中国梦""爷爷奶奶教我学国学"等，集中体现了"和谐中华、老少同乐"的时代精神，使老年人与少年儿童双受益、双提高、双发展。

自2011年起，老年大学落户北京市朝阳区，与朝阳社区学院实行"三对接、一融合"（网络教学、面授培训、科学研究对接，教师资源融合），合作办学，共同探索老年教育与社区教育相结合的创新模式,得到了政府和社会的广泛认可。

学校坚持以科研促教学,从筹建初期就把科研放在重要位置,重点课题"老龄社会与老年教育研究"取得了丰硕的研究成果;五本专著《老龄社会与老年教育导论》《中国老年教育发展的国际背景研究》《多元化的中国老年教育》《中国老年大学现状及发展趋势研究》《中国老年教育发展战略研究》于2009年由中国妇女出版社出版,并获第七届全国成人教育优秀科研成果(著作)一等奖;第二批成人教育"十一五"重点科研课题"老年远程教育研究"于2010年底完成。这些科研项目不仅为老年大学的办学实践提供了理论指导,而且对"健康养老、积极养老、教育养老、幸福养老"的养老理念进行了初步探索,为建立具有中国特色的养老理论奠定了良好基础。成人教育"十二五"重点科研课题"社区老年教育发展研究"的科研成果——四本专著(《社区老年教育与老年人学习心理研究》《社区老年教育与维护老年人学习权益研究》《社区老年教育服务研究》《中国社区老年远程教育研究》)已公开出版,深受学者、管理者和社区老年学员的欢迎与重视。2013年,北京东方妇女老年大学成为中国成人教育协会老年教育研究中心,并从此开始了与教育部中国教育国际交流协会的长期合作,每年举办国际老年教育论坛。

回春茹、中国成人教育协会郑树山会长、吴启迪顾问陪同顾秀莲步入会场

学校得到越来越多的老年人的喜爱。一批批老年人走进了东方妇女老年大学,在这里重新焕发

了青春活力，开启了新的人生阶段。

近年来，学校在关注老年教育的同时，也关注下一代的教育。回春茹从自身做起，从自己的家庭做起，引导全家建立一致的教育观点，时时、事事、处处都给孩子营造一个很好的接受教育的环境。学校同时还研究"隔代教育"的大课题，开设婆媳课堂、翁婿课堂。家人相处和谐、观念一致，

与20多年来以文辅政的贾秀总教授一起

回春茹与全力支持她实现女子大学的梦想，退休后又全力帮助她实现老年大学梦想的王萍女士在一起

才能把孩子教育好。"培养好一个孩子不容易。现在社会环境复杂，信息量大且毫无限制，究竟把孩子往哪儿引导？家庭的正面教育，作用越来越明显。"

在为老年教育事业奉献的同时，回春茹把退休后的家庭教育责任也承担了起来，并自觉地践行隔代教育的科学理论，总结出了成功的经验。

才德双修　从善如流

从辽宁省实验中学的张书记对她提出希望她报考北京师范大

学、当一名人民教师起，教书就成了回春茹的志愿。她在这个领域工作努力，取得了十分出色的成绩，成为全国知名的教育工作者。

回春茹在教育管理领导岗位上工作了整整35个年头，从基础教育到高等教育，从综合类普通院校到财经类成人院校，再到女子高等院校，转换不可谓不多，跨度不可谓不大。而在每一个岗位上，回春茹的工作都做得深入人心、富有开拓创造性，她带出了优秀队伍，取得了卓著成绩，而自身又能做到从容不迫。在领导管理工作越来越复杂、当领导很忙很累成为普遍印象的当代，回春茹仍然可以做到游刃有余。在长年的领导管理实践中，回春茹总结了一套深刻精辟的领导的影响力之道。

"什么是领导者的影响力？领导者的影响力就是领导者有效地引导或改变被领导者的心理、思想和行为的能力。……领导者靠什么才能影响或改变被领导者的心理和行为？也就是说，领导者的影响力包括哪些因素？"回春茹说，"人们一般都认为只要处于领导地位，手中有了权力，就有了权威，就可以影响、改变被领导者的心理和行为。的确，地位、权力是一种影响力，但它们并不是全部的影响力，甚至也不是较重要的影响力。除权力、地位之外，领导者的影响力还包括领导者的品格、素质、认识、能力等。我们把权力、地位称作权力

2008年第二次接受中华英才记者董玲采访（于北京东方妇女老年大学）

影响力,把品格、素质、知识、能力等称作非权力影响力。"

　　回春茹深入钻研,对权力影响力和非权力影响力的作用及相互关系进行了精辟、深入的分析。她提出,权力影响力由三种因素构成:传统因素(观念性因素)——服从感,职位性因素(社会性因素)——敬畏感,资历因素(历史性因素)——敬重感;非权力影响力由四种要素构成:品格因素(根本性因素)——敬爱感,才能因素(实践性因素)——敬佩感,知识因素(综合性因素)——信赖感,情感因素(心理性因素)——亲切感。回春茹非常注重非权力影响力,她说:"权力影响力与非权力影响力是相互制约的,不过在这两种影响力的关系中,起决定作用的是非权力影响力。""要提高领导者的影响力,除了十分注意非权力影响力的提高之外,还要注意对权力的运用。"她又指出:"共同的目标和情谊是思想基础,但缺少必要的权威也是绝对不行的。要强化纪律管理,就必须提高领导者抓纪律管理的权威性,这也是影响力的主要运用方式。"这正是回春茹在长期的领导管理实践中所践行、追求的。

　　古人讲,修身、齐家、治国、平天下,回春茹认为这句话说得太到位了!修身极为重要。不经过修身养性,不经过足够的贫穷、足够的委屈、足够的艰辛、足够的历练,不可能成就什么大事。没受过贫穷,就不知道根本;没受过委屈,就不知道公平。对于教育来讲,公平是最重要的理念。

　　回春茹视她在中华女子学院的经历为她从教生涯的最大成就。她深切体会到,办女子大学是为了适应国家建设、经济社会发展对女性人才的迫切需求,是为了适应女性成才发展的迫切需求。专门的妇女教育的出现是历史、社会原因造成女性受教育状况具有特殊性的结果。因此,对办女子大学不能简单地贴上单一性别教育的标签，要更好地贴近女性的需求，更好地发展性别平等教育。女子大学的发展，蕴含着回春茹同志不懈的努力，闪烁着回春茹同志睿智的光华。

回春茹，一位脚踏实地的教育专家，虽已年近古稀，仍然精神饱满地向前迈进。迎接着新的曙光，她欣然洒下她的汗水。

精心培育后代，培养孩子优良品格

回春茹成为一名母亲，是在20世纪70年代。当时身为中学教师的她工作特别忙，既当班主任，又要教课，特别是恢复高考以后，她带着一个80多人的大班，还带着一个30多人的小班。大班考高中，小班考大学。那时的她基本上没有在晚上十二点以前睡过觉，有时还要忙到凌晨一两点，她的全部精力都在学生身上。当时丈夫还要到西藏工作，一走就是两年。

在这种情况下，孩子的爷爷奶奶、大姑、二姑分三次千里迢迢来接孩子。他们都想帮回春茹减轻负担。回春茹思索再三，虽然工作确实忙、确实累，但她认为：父母是孩子的第一任教师，家庭是第一课堂。人要接受很多教育，但最重要、最基础的是家庭教育。"作为母亲，我应该尽到责任。"于是，回春茹就决定："我来培养他，我来带他。"她谢绝了孩子的爷爷奶奶、大姑、二姑的好意。

在孩子的教育中，回春茹着重于品格的培养。家长都希望孩子成龙成凤，而回春茹认为品格的培养最重要，而品格是从小事中培养出来的。

回春茹和母亲、儿子一起接待来访的朋友

第一点，不说假话，做错事要改正。

孩子七八岁时，有一次天下着雪，孩子要去两三站公交外的少年宫学习书法。孩子出去了，不久就回家了。他说："今天下雪，老师今天没上课，我就回来了。"回春茹没有多问，更没有马上批评他，而是说："那我们一起去看看。我骑车带你去。"天下着雪，回春茹就推着自行车，带着孩子去了少年宫。到那儿一看，老师正在上课。

当父母的人能体会，遇到这种情况，第一反应很容易是跟孩子急："老师明明在上课，你怎么说老师没上课？"作为母亲，又怀着一片教育之心的回春茹深知这种做法不妥，这么做容易伤害孩子。她跟老师说："因为我有点事，下大雪，所以我带孩子来晚了。"这样做，孩子就会很感动，他会想："妈妈是爱我的，妈妈是信任我的。今后我不能再犯这样的错了。"对于孩子的错误，回春茹注重用宽容、信任引导孩子改正错误。

第二点，培养孩子的劳动习惯，让他自己的事情自己做。

那时生活很艰苦，回春茹家住在平房的地下室，孩子在五六岁时学会了劈柴、和泥、做煤球、打煤坯。煤要筛，他端不动，筛不动。他自己想出一个办法：把没有后背的凳子倒放在地上，把筛子放在凳子腿上，他就晃凳子，这样就筛得动了。

孩子还把这个办法带到了学校去。他组织大家打煤坯。煤坯要晒干，遇上下雨，他就赶快去盖。在这些体验当中，责任感、劳动习惯就养成了。孩子那时脖子上成天挂着一把学校的钥匙、一把家里的钥匙，成了一个小管家。

"再苦不能苦孩子。"回春茹回忆说，"虽然家庭条件艰苦，但对孩子，从来不苦他，不过都有条件。"搬进政府奖励的住房，擦一块地砖，给多少钱，或者擦多少块地砖，一共给多少钱。她还让孩子擦鞋，擦一双鞋，给多少钱。回春茹的心得是："不是不能给钱，关键是让他体会到这是他自己通过劳动得到的。"这样，孩子花钱也不随便花，也不随便要钱。

孩子养成了这样的习惯并一直保持到大学。但有好几次给他的钱很快就花完了。回春茹很奇怪，从学校老师、孩子的辅导员那儿问明了情况。原来，班上有位农村来的同学患病了，他背着上医院，垫付了药费。

回春茹和上了高中的儿子郑义在书房

第三点，要有爱心。

"这点很重要，一个人没有爱心，什么都办不成。"

回春茹注重培养孩子的爱心。一天晚上，她给了孩子两块钱："你去买点醋、酱油。"孩子去了好半天，回来了。醋没有，酱油没有，钱也没有了。

孩子说："在商店门前有一个老爷爷，是残疾人。他前面有个桶，上面写了几个字，'残疾''穷'等。我把两块钱投到桶里给他了。"

回春茹说："这样吧，我再拿两块钱，我跟你一块去看看。"多年后回忆起来，她说："孩子做了好事，我要去看看，亲自检验一下才放心。"这也是回春茹在工作中的做法，有问题先做调查，了解实际情况。在涉及品格养成的地方她总是很耐心、细腻，很舍得拿出时间、精力，不粗糙，更不粗暴处理。

到那儿一看，果然，桶里的钱就是之前给孩子的钱。在那个年代，两块钱是个不算小的数目。回春茹重新拿钱，买了醋、酱油。回来她就对孩子说："你这样做，是非常好的。要有爱心，要帮助需要帮助的人。"

有一次，孩子放学以后，到妈妈工作的二中去。他一般不到妈妈办公室去。学校规定了工作区内禁止孩子到处跑，回春茹首先自己做到。当时，二中团委正在搞一个给大熊猫献爱心的活动，动员大家捐款、留言。捐款箱放在学生经常出入的地方，孩子能够看到。他把五块钱投到箱子里去了。

活动结束，团委书记跟回春茹汇报情况：收了多少钱、收到了多少信。回春茹一边听，一边看。五块钱在当时算比较大的面额，捐款箱里绝大部分是一分钱、五分钱以及饭票。她认出来是早上给孩子的那五块钱。还有一张纸条，上面写着"献给可爱的大熊猫"，没有留名字，笔迹是孩子的。

回春茹向团委书记肯定了活动，稍提及说："可能不仅学校里的同学参加了，也有外边来的小朋友参加。"但她并没有说透自己的孩子也献了爱心。

妈妈知道了，还是要表扬的。

回到家，回春茹就问孩子："你是不是把我给你的五块钱献给大熊猫了？"

孩子又惊奇又高兴："你怎么知道的？"孩子也习惯做好事不留名，但妈妈认可，他特别高兴。

回春茹说："我给你五块钱，你捐给大熊猫了，我会再给你十块钱来奖励你。"品格的培养就在这些小事中。

第四点，说话要算数，培养责任感。

"培养责任感，非常重要。"孩子14岁，初中要毕业的时候，回春茹给了他一个笔记本，上面写着赠言，第一句话就是"做人要负责任"。要想负责任的话，说话就要算数，承诺一件事，要善始善终。

有一次，老师的钥匙掉在办公室里。孩子当时很瘦小，可以钻窗户进去，但也不是件很容易的事。大家纷纷说："算了，挺麻烦的。"但他就一定要钻进去，再找那个桌子，把钥匙找到，递出来。在场的人都特别感动。孩子就是这样，想做的事一定要做到底，做成。

在这样的家庭熏陶中，孩子关心集体，有爱心、责任心，心态平和。

孩子小时候看别人戴红领巾入少先队，他也想入队。回春茹说："要想入队的话，你必须知道红领巾的意义。红领巾不是随便就可以戴的。红领巾是国旗的一角，是烈士的鲜血染成的。你要在小伙伴当中，带头做事情。早晨大家谁都不愿意起床，你就需要早点起，先把炉子生好。炉子生好，大家进去以后就暖暖和和的。这不是一件让大家非常高兴的事吗？大家高兴，你不也高兴？你这样做的话，是老师的小帮手。这些都做到了，关心集体，尊重老师，跟小朋友关系处得非常好，这样的话，到了入队的时候，肯定能戴上红领巾。" 这些良好的品质一直影响到他上中学、大学。

回春茹和儿子从清真寺回来

孩子上大学时，回春茹有一回在晚上十点多回到沈阳，打算顺便去看看孩子。她来到学校，想找人打听一下学生宿舍在哪，已是深夜了，到哪找人问呢？就见一座大楼还有一盏灯亮着。于是她就找了过去，是学生会办公室。一推门，坐在里面的正是自己的孩子！原来儿子当时担任学生会办公室主任，正为第二天的活动写标语。时值隆冬，地上有一盆水，其中一半是冰。他写几下，便哈哈气暖暖手。回春茹的眼泪一下子就下来了……但看见儿子能这样为学校做事，她还是很高兴的。

大学时有一年放寒假，儿子说要回农村去看爷爷奶奶。开学了，他却提出不回学校了。家长听到这话，恐怕都会难以接受，觉得这是"青春期叛逆"的表现。回春茹想了解儿子的真实想法。儿子到县城跟妈妈通电话，他说："我想在这里生活一段时间。"回春茹就跟孩子商量，办一年休学。这两年读大学，身体需要调整，儿子想在农村锻炼一段时间，调理一段时间。

儿子在农村，插秧、割麦子、挑粪、打柴，什么都干。那时，农村条件很艰苦，没电灯，点煤油灯；没有蚊帐，经常被蚊虫咬；没有褥子，睡的是稻草。平时在家里应该说生活很不错，到了农村能不能受得了？儿子说挺好。附近的农民也经常称赞他。他回来时还写了一份关于农村的调研报告。

有人听说回春茹把孩子送到农村去，不禁跟她说："农村这么苦，你把他送农村去，我有句话不知当问不当问？"对方开玩笑说："你是他后妈还是亲妈？"一般人都心疼自己孩子，好好地让孩子去条件艰苦的农村，实在是太不可思议了。

回春茹这样"舍得"，是要让孩子体会一下"锅是铁打的"，不能忘了本；让孩子知道，中国农民的生活是怎样的。如果要做一个有用的人，就应该学习他们的优秀品质，要为他们办事。这才叫对社会有用的人。

回春茹的育儿经深得教育真谛，她跟孩子之间形成了很好的交流状态。她对孩子的品格养成，有极大的耐心。由于她育儿方法运用得当，在关键点上做好了引导，每一次正面的激励、表扬对孩子都起到了引导作用，真正做到了"事半功倍"。孩子虽然比较优秀，但回春茹并不认为孩子不会遇到挫折。相反，回春茹希望孩子从挫折中吸取教训、受到教育。她不失时机地告诉孩子:"苦难是人生最好的老师。"现在儿子已经成为有着坚强性格、宽广胸怀,有一定担当的企业管理人才。

一家人在长城上

退休后的回春茹成了祖母,祖孙三代住在一起。对所有家中有婴幼儿的家庭来说,幼儿的养育可是个不小的问题。回春茹以教育专家的学识、对幼儿心理的准确把握,在幼儿教育上也总结出了一套自己的经验。"孩子需要信任,要择机布置任务""要用爱来培养孩子的责任感""懂得教育与爱的结合,建立正确的亲子关系""孩子的成长过程不可逆转,要杜绝对孩子的溺爱"。

回春茹有很多具体、深入的实践,她准确地把握了新时期育儿中的一些典型问题。她总结了溺爱的十种表现形式:第一,特殊待遇,诸如吃独食,好菜放在孩子面前,处处特殊照顾,衣食住行总比别人优越,高人一等;第二,过分注意,一家人时刻以孩子为中心;第三,轻易满足,对孩子有求必应;第四,生活懒散;第五,祈求央告，求孩子吃饭、睡觉、表演节目等；第六，不让劳动，应该让孩子做力所能及的事，体会劳动的快乐，做力所能及的事，这不仅可以培养他们的责任感，还会使他们受益无穷；第七，小病大惊，父母应泰然自若，孩子也会跟着不紧张；第八，剥夺独立；第九，害怕哭闹；第十，当面袒护……回春茹总结出的这一套幼儿教育方法，切中要害，从喂养的举动到习惯的培养，涉及方方面面，既有深厚的教育理念，又有可行的做法，在实践中很有针对性，对今天的年轻父母来说有不少启发，其科学性令人折服。

在家庭里，回春茹强调全家应共同担负起教育孩子的责任，保持一致。老年大学搞隔代教育、婆媳课堂，她亲自讲课，对晚辈进行教育，自己身体力行，不断地摸索。回春茹里里外外一把手，家庭方面过得很好，事业方面也做得很好。老少三代，关系十分和谐。

回春茹的家庭中洋溢着和谐的气氛，回春茹从来没有改变过自己在婚姻、家庭中的通情达理的形象。进入老年阶段，她常常告诫自己："要老有老样儿，别让儿女讨厌！"她待儿媳像女儿，心心相印，以诚相待，体贴入微。她对孙辈的培育，充满慈爱，却从不溺爱，有很好的方法引导孩子听话、不急躁。对于接触到的科学育儿知识与经验，她会自觉地运用在自己对孙子的培育过程中，往往取得惊人的效果。她在一点一滴的生活细节中实施正确的教育方法，真正做到了"以爱润其心，以德导其行"。

回春茹常说："人生一共四道试题：学业、事业、婚姻、家庭。在'人生'这场考试中，'偏科'是会吃大亏的。"

"对于事业女性，为人妻、为人母、为人师、为人表，没有一个健康的身体，没有充沛的精力，是做不好任何事情的。"

回春茹喜欢这样一句话：爱是一张合同，签署的双方同意扩大对方的优点，缩小对方的缺点。爱，需要宽容。

"一个家庭是不是幸福，并不在于拥有多少金钱，而在于家庭成员之间亲情的多少、家庭凝聚力的大小，特别是三代之家。"看到儿孙健康成长，回春茹心情十分愉快、舒畅。她决定再努力为社会、为家庭多尽一份力、多做一份贡献。

下篇　张李玺

第一章　本科教学攻坚战

是挑战也是机遇

　　2002年2月，教育部正式批准中华女子学院由成人高等学校转制为普通高等院校。随后，学校领导班子提出"转制成功之日就是评估开始之时"的口号，迎接教育部本科教学工作水平评估的工作由此拉开了序幕。然而，随着2004年4月回春

1995年第四次联合国世界妇女大会期间，张李玺接待来校参观的外国友人①

————————————

① 注：本部分未标注照片均由张李玺提供.

茹卸任院长一职，领导女院打好评估攻坚战的重任就落到了新任院长张李玺的肩上。对于女院人来说，张李玺并不陌生，因为她已经在这所学校工作了整整十五年，担任副院长也已六年。

张李玺处理起某些工作来轻车熟路，但面对未来她还是会感到棘手。用张李玺的话说，迎接本科教学评估是她上任后面临的最严峻的挑战。这次评估在女院的发展史上具有举足轻重的意义，一旦通不过，无论是对前辈还是对继任者都没法交代。那段时间，为了干好工作，张李玺常常苦思冥想，夜不能寐。

如何让一所转制不久的大学同那些百年名校竞争，张李玺和学校的领导们感到困难重重。标准一致，实力悬殊，压力是不言而喻的。但压力和动力、机遇和挑战往往是并存的，而且正是这些矛盾的存在，给了人们克服困难的勇气，使人们认识到有多大的差距就有多大的发展空间。

尽管社会舆论对教育部的本科教学工作水平评估一直褒贬不一，甚至批评居多，但张李玺坚信，评估虽然给了中华女子学院前所未有的压力，但也给了它史无前例的发展契机。评估首先引起了女院领导层的高度重视。原全国妇联主席顾秀莲听完评估工作汇报后说："学院的每一块砖头、每一片瓦，都凝聚着全国人民的爱心。要努力地把它办好，办成一流的中国女子大学。"时任全国妇联副主席、书记处第一书记的黄晴宜干脆现场办公，要求女院人本着对自身负责、对中国妇女发展事业负责的态度，认真对待教育部的评估工作，齐心协力打好这场"攻坚战"。原全国妇联副主席兼女院党委书记莫文秀亲自"督战"，全身心投入到迎接评估的工作中。莫文秀号召全校上下开展"大学习、大讨论、大提高、大建设"的活动，集思广益，探讨如何打好评估攻坚战；她还组织了几支"取经"队伍，先后派往北京大学、中国人民大学、复旦大学、厦门大学、华东师范大学等名校考察，学习办学经验。要弥补自身的缺陷就得博采众人的经验，莫文秀试图通过找差距、学经验的方式鼓舞大家。

挑战和机遇是并存的。领导们的重视也鼓舞了张李玺的士气。为何不借评估的契机壮大实力，提升办学能力和水平呢？于是，张李玺下定决心，迎难而上。她和班子成员一道把教育部制定的评估标准和学院的长足发展密切结合，将"以评促建、以评促改、以评促管、评建结合、重在建设"落到实处，鼓励大家借评估之机实现女院质的飞跃。

爬坡精神

口号提出来了，全校的思想认识不能不到位。自2002年评估准备工作启动以来，学校教职员工加班加点地工作几乎成了家常便饭。莫文秀当时是全国妇联副主席兼任学校书记，所以很多时候处理校务只能延到下班之后。那段时间，没有人抱怨说家里的孩子没人照顾，没有人因为工作量大而敷衍了事，全院上下同心同德、同向同行，每一个女院人都充满创业者的热情。

为了传达评估要求、领会评估精神、达到评估目标，学校经常组织开会。从老干部、退休教师到在职教师、后勤工人和学生，几乎所有的女院人都参加过规模不一的座谈会。就连保安、后勤工人都知道，学校要迎接评估了。那段时间，大家对教育部本科教学评估的一级指标、二级指标，学校的办学指导思想，所在部门的职责都了如指掌。由于会务繁多，张李玺很少回家吃晚饭。丈夫告诉她，如果到晚饭时间不能正点回家，一定要提前通知他，免得让他等到九十点钟还吃不上饭。但有时候忙得晕头转向，张李玺就忘了。一日，莫文秀书记组织党委会开会，突然，张李玺的电话铃响了。

"你干吗呢？"电话那头的丈夫生气了。

"开会呢！"张李玺捂住嘴，悄悄地说。

"开什么会？"丈夫像是在"审问"她。

"党委会。"张李玺有些歉疚，这次她又忘了。

"你们是地下党吗？"丈夫转而调侃说。

电话那头的话音刚落，坐在张李玺身旁的莫文秀就忍俊不禁了，电话里的对话她听得一清二楚。莫文秀打趣说："地下党散会！"后来，这就成了女院教师们口耳相传的一个笑话。

一拨拨地开会，一天天地加班，学校上到教职员工，下到服务人员都很累。于是，张李玺和莫文秀书记一起给女院员工的家属们写了一封慰问信，介绍学校面临的状况、评估的任务和目标，并恳请他们谅解和支持。那段时间，张李玺自己也疲惫不堪，但每每看到全体师生团结一心的状态，她又能很快恢复精力，干劲十足。在振奋人心的氛围中，张李玺切身体会到了什么是女院精神。就像陈慕华说的那样，爬坡就得一鼓作气，否则就会前功尽弃。其实，女院精神就是一种锲而不舍、不断爬坡的"爬坡精神"。

准备评估时，学校里发生了很多不可思议又十分感人的故事。当时，教育部评估标准规定，图书馆馆藏书册必须达到人均100册，而女院的人均图书册数还达不到标准。怎么解决这个问题呢？馆藏图书必须与学校开设的专业领域相关，随便到市场上采购一大批书滥竽充数是行不通的。更何况，市面上能买到的也多是新近出版的书，大量90年代以前的书已经难觅踪迹了。看来，仅仅用钱解决不了问题。就在大家一筹莫展时，莫文秀书记果断决策——捐书！2005年初，正值第四次世界妇女大会举办十周年之际，学院开展了一场"迎'北京+10'自愿捐书公益行动"的活动。领导们带头做表率，分头游说，到处"要书""讨书"。当时，张李玺主要负责与中宣部、中直机关、光明日报社等单位联系。这些单位的妇工委领导积极支持，个人和单位都捐献了不少书籍。那段时间，给女院捐书的有李鹏、吴仪、彭珮云、陈慕华、顾秀莲、陈至立等国家领导人，有中共中央办公厅、中宣部、文化部、全国妇联等各大机关单位，有知名出版社，还有很多学校的离退休教师和社会热心人士。在全校领导、师生和校外人士的鼎力支持下，短短几个月，图书馆就筹集到了10万多册图书。据说，图书馆的电梯因为超负荷运行，被沉甸甸的书压坏了好几次。

在准备评估的过程中，女院人逐渐知道了应该办一所怎样的大学，怎样才能办好这所大学。同时，通过迎接评估，女院锻炼了队伍，凝聚了力量。当时，很多媒体在评价评估标准时，声称这些刻板的条条框框不利于教育的自由发展，认为评估影响了学校的正常秩序，甚至有人批评评估"鼓励"了应付检查、弄虚作假的坏作风。但张李玺却认为，中华女子学院这样一所在摸索中前进的年轻大学所需要的正是这些标准。严格规范和自由发展，遵循高等教育规律和探索有特色的女性教育，二者是相互制约、彼此支持的关系，而不是对立、矛盾的关系。女院刚刚起步的教学工作和教学管理工作正需要这样一个过程清晰、目标明确的管理体系。对于女院人而言，评估是一次崭新的启程。

第二章　征程自评估开始

校园如花园

　　2005年11月26日，教育部本科教学工作水平评估专家组进驻中华女子学院。在听取基本情况汇报后，评估组认为这样一所转制仅三年的学校根本无法参与评估工作。他们准备向上级汇报，取消评估。学校领导班子和评估组认真沟通，希望专家们考虑中华女子学院的现实处境——虽转制仅三年，但本科生招生已有十年。校领导也一再表示，希望借评估之机，发现不足之处，促进学校的长足发展。校方诚恳请求，评估组不得不认真研究。在评估组向教育部评估中心汇报后，中华女子学院的评估工作才正式启动。女院校园很小，专家们在为期一周的评估期内，走遍了学校的角角落落。有专家开玩笑说："评估了不少学校，就是在女院，听的课最多，开的座谈会最多，走访的地方也最多。因为学校小，没有地方可去了，只能进课堂。"正因为如此，专家们能更深入地接触女院的教师队伍，更全面地了解学校的教学工作。从课堂到宿舍，从实验室到食堂，他们为女院人的精神风貌所感动。几乎每位参加座谈会的同学，言语间流露的都是对学校发自内心的热爱，也没有一位教师借机抱怨，就连食堂的炊事员在接受问询时，都表现得十分自信。专家们坦言，在其他高校，他们从来没有见到过这样的场面。女院教职工和学生们的"精神气"，他们对学校的关注和自信，他们在课堂内外表现出来的团结一心、积极向上的精神面貌都给专家们留下了深刻的印象。经过为期一周的全面考核，中华女子学院通过了教育部的本科教学评估，人尽皆知、各尽其责的评估工作终于结束了。然而，从学校的发展大局来说，这只是暂时告一段落。无论是以评估为终点考量过去的建设，还是以评估为起点审视未来的愿景，身为一校之长的张李玺都已竭尽全力。每每回忆起评估那段日子，张李玺总掩饰不了内心的感激。那次评估，让她看到了每一位教职员工、每一

2005年女院本科评估闭幕式合影

个学生对学校发自肺腑的爱，对学校发展前景的信心。

都说女人如花，作为一所女性云集的大学，中华女子学院自然也要装饰得像一座花园。张李玺不会用诗意的语言勾勒学校的图景，但她领头打造的女院处处体现着"尚美"的特点。

2005年，学校计划投资1.8亿元的图书馆项目获得了国家发改委的支持。张李玺说："这不仅是一个基建项目，建一栋大楼，也是一个发展工程，是建设一所大学的灵魂。"但女院究竟要建一座怎样的图书馆呢？张李玺的回答是——现代化。图书馆是师生们集中学习的地方，应该极具吸引力，而只有现代、舒适的图书馆才有足够的吸引力。为了广泛征集大家的建议，当时分管基建工作的副院长黄海群把图书馆的设计图纸贴在了校园里。师生们也针对图书馆的效果图、结构图，结合自身的考虑，提出了不少创意十足的建议。其中，三位先后分管基建工作的副院长付出了他们的智慧和心血。张李玺常开玩笑说："海群（副院长）画了图，明舜（副院长）盖了楼，京霞（副院长）来装修。"图书馆在建设过程中，先后碰到了奥运会、六十周年国庆等大型活动。2011年，一座总建筑面积达35 691平方米的教学图书综合楼建成并投入使用。其中，新图书馆面积13 000平方米，硬件达到一流水平。馆藏图书45万册，电子数据库

舒适宁静的图书馆一角

63个，各项指标均达到了教育部的标准。全面覆盖的无线网络，散落在各个角落的沙发，空气中弥漫的咖啡香味，这就是女院让人进来就不想离开的图书馆。

除此之外，学校还千方百计地扩大版图，改善办学条件。考虑到校内还有18亩地没有开发，张李玺瞄准了校园后面的一块空地。两块地若能整合，女院的学生不就不用辗转在几个校区之间了吗？但谁都知道，申请地盘是一件费尽周折的事情。为了拿到那块地，张李玺和莫文秀没少跑路，没少遭罪。"遇上领导忙，我在办公室里一站就是半个小时，人家头都不抬，不正眼看我。走还是不走呢？那种感觉真的是特别尴尬。"吃闭门羹，遭人白眼，不是所有的知识分子都能承受得起的。但为了学校，张李玺只能硬着头皮一趟趟地"跑"下去。扛不住了，她就想想慕华大姐的一句话："小张啊，当领导，腿要勤，嘴要甜，脸皮要厚。你得记住喽！"慕华大姐说这话时，张李玺还颇为不解：当领导是得勤快，但为什么还要脸皮厚呢？直到自己以院长的身份冲锋陷阵时，她才真正领悟慕华大姐的那句话。在顾秀莲主席的积极支持和莫文秀书记的带领下，2011年，学校北面的征地扩建规划获批，核定总投资4.97亿，用于新征建设用地2.71公顷。由于两个校区之间原定有一条市政规划路，当时的新任全国妇联书记处书记兼学院党委书记范继英和北京市规划委员会多次沟通，最终将这条规划路划归到了女院校园内。同时，为了能更好地争取政府投资，范继英又和校领导班子多次讨论，最后终于获得政府支持，将新旧校区统一规划，新建校舍总建筑面积6.22万平方米，大大扩展了学校的办学空间。至此，中华女子学院的短期发展蓝图既定。为了扩建而东奔西走的日子结束了，张李玺心里的石头也终于落地了。

要打造花园式大学，校园的内部修缮和外部扩建同样重要。张李玺上任后，学校先后投入上亿元专项资金兴建专业教学实验室和多媒体教室，确保了多媒体教室的全面覆盖。数字化校园平台初步建成后，学校3号楼学生公寓也顺利通过北京市标准化学生公寓的评估验收。要新建大楼，也要维护老楼。为了打造焕然一新的校园，张李玺还抽调一部分资金，专门用来改造食堂、维修主楼、翻新体育场馆，兴修校园绿化、美化工程。

鸟瞰中华女子学院运动场①

女院的美还体现在细节设计上。为了方便女生晾晒衣物，学校新建的公寓统一采用封闭式阳台。校方考虑到女生夏天穿连衣裙、冬天穿长大衣，还专门给每个女生配备了立柜。这种暖心的设计遍布女院的角角落落。当然，打造美丽校园的过程也不乏体现女院人

———————————

① 照片来源于中华女子学院网站，http://www.cwu.edu.cn/xcb/mlxy/3805.htm.

心灵美的故事。基建评估检查小组的组长曾对张李玺等几位校领导说："从项目管理来讲，我们审了五年的项目，你们的项目管理得最严谨，抓得最好。如果国家投资项目都抓得这样好，甚至有二分之一的项目抓到这水平，朱总理两年以前就可以放心了。"校领导夏天为工人送姜汤、春节送饺子，处处体现了女院的细腻，对工人的关心。合作的建筑公司也感慨，他们接手的工程中女院的工程成本最低，不用请客、送礼。看来，女院人不但在乎"仪表美"，也追求"心灵美"。

"崇德"与"尚美"并行不悖。如今的女院小巧玲珑，时尚现代。走进校园，如同漫步花园。

特色立校

无规矩不成方圆，评估对女院的深远意义在于，它让女院人认识到教学规范的常态化对一所大学的重要性。若用普通高等院校的标准衡量，刚转制不久的中华女子学院在某些方面是不规范的。张李玺坦言："通过评估，我们认识到了什么是教学的规范化管理，这是最大的收获。就像打扫卫生一样，很多人到我们学校来，都觉得校园很干净，但我们谁都没有因为迎接领导、来宾而刻意大扫除过，因为讲卫生在我们学校是习以为常的。这项工作已经规范化、常态化了，而有些工作还没有。"其实，评估之于女院的意义还不止如此。通过本科教学评估，女院人逐步厘清了办学思路。

2005年12月3日，送走专家组的当天，中华女子学院召开了评估总结及整改专题会议；12月9日，又召开了全面总结与整改部署会议，明确提出2006年是学院的"整改年"。2006年1月，学校针对评估考察意见，制订了包括7个方面、53条措施在内的整改方案。接下来，女院的核心任务转变为以学科建设为龙头，为全面提升学校的教学科研水平实施教改。

目标明确了，突破口在哪里？张李玺认为，所谓教改，归根结底是人才培养方案的改革。作为全国妇联创办、直属的大学，女院始终以"促进男女平等，服务妇女发展"为己任，但怎样才能让女院真正惠及女性，恐怕不是一个红头文件就能解决的。女院以"培养具有'四自'和创新精神、具有实践能力和公益意识、德智体美劳全面发展的应用型女性人才"①为人才培养目标。但通过什么渠道落实这一目标，也是张李玺带领下的女院人不得不攻克的难题。

女院的人才培养方案经历了三次循序渐进的调整。2005年，在职教职工、离退休教师代表和学生共284人参加了学校人才培养方案的大讨论。这次会议持续了一周，分10个会场进行，几乎是举全校之力，全员动员参与。分组讨论以教学系部为单位进行，党政管理干部、后勤服务人员分配到各系部，与系部教师在同一组讨论本科教学问题，教务处、人事处、科研处的人员分布到各讨论小组听取意见、解答相关问题，同时学校还让学生代表全程参与会议，从而做到广泛征求女院人的意见。他们讨论的核心问题是什么？女院的特色，女院的立校之本。

有人说，女院的特色是招收女生；也有人说，女院的特色是"四自"精神。但这些都不是中华女子学院这所大学独一无二的特质。所谓特色，当是"人无我有，人有我强"的东西。女院不乏人

① 张李玺.走特色立校之路 建高水平女子大学——中华女子学院本科教学工作水平评估院长汇报[N].中华女子学院教学评估工作简报,2005-11-27.

无我有的专业，比如女性学。但一个专业不足以支撑一所大学的特色。只有诸多特色专业相辅相成，才能共同推进学校的特色发展。其实，寻找办学特色，就是寻找专业特色和特色专业。

女院法律系在专业特色的建设过程中，逐渐认识到了自身的长处和短板，在扎实做好宪法、刑法等专业课程建设的同时，还积极寻找专业建设的重点。结合女院的特质，时任法律系系主任的李明舜教授（现为中华女子学院党委书记）把法律系的建设重点框定在婚姻家庭研究领域。教师们不但投身课程建设，还积极参加实践活动，在女性人权研究、妇女权益保护、反对家庭暴力等方面作出了很多贡献，也大大提高了法律专业的社会声誉。

学前教育是女院的特色专业之一，也是学校教改颇有成效的专业之一。当其他高校的学前教育专业还停留在大专阶段时，女院已经开始招收本科生了。幼儿园用得着本科学历的老师来教吗? 很多人认为，这是浪费资源。但当女院学前教育专业的学生毕业找工作时，各大幼儿园就开始招聘幼教本科生了。等首届毕业生工作了几年，女院的学前教育专业又开设了音乐表演、双语教学等小方向。待其他高校意识到学前教育严峻的就业形势并着手招本科生时，女院的学前教育专业已经拓展到了特殊教育领域。由于教改及时，这个专业始终走在市场的最前沿，也成为学校就业最好的一个专业。成功的教改进程其实也经历过波折。刚开始，学前教育专业的定位是培养园所长。但实际上绝大部分的毕业生是不可能马上从事管理工作的。考虑到这个方案并非切实可行，在教改过程中，大家提出了新的目标——培养具有园所长素养的幼教老师。培养方案变了，课程设置当然也会做相应调整。所以，学前教育的学生们不但要学习钢琴、舞蹈、声乐、计算机、心理学等基础课程，还要兼修管理学、游戏设计、营养学等相关课程。这样培养出来的学生，一上岗就能教课，有机会就能当园长，实现了专业与社会的紧密接轨。有了科学的人才培养方案作指导，培养出来的人才"拿来就能用"，如今，北京市30%左右的幼儿园园长都出自中华女子学院。而女院人才培养目标中的"应用型人才"也是这样从很多专业的提炼过程中确定的。

再如女院的社会工作专业，在多年的改革和摸索中，专业之下还设置了学校社工、妇女社工、婚姻家庭等方向。学生到了大学三年级可以根据自身兴趣选择研究方向，培养一技之长。值得一提的是社会工作专业严谨有效的实习课程。除了系里的老师外，学生们在实习机构还配备了实习督导老师。学生人手一本实习手册，专门用来记录实习中的问题、方案、老师评语等。很多机构的一线工作者是学校聘请的教师。通过严谨的理论训练和颇有成效的实习历练，学生们的动手能力得到了最大程度的培养。在社会工作开展得比较好的城市，社会工作专业积攒了很好的口碑，如深圳女院的社会工作专业。还是那句话，学生好用，用人单位就愿意聘用。建设应用型专业，是女院专业建设的一个核心目标。

强调特色立校，除了寻找特色专业、打造专业特色外，女院的性别意识教育也无处不在。学校开设了女性学导论、性别与发展、女性心理学、妇女法、形象礼仪、弱势群体法律保护、女子防身术等专业课程和通识课程。在教学中，还注意运用社会性别分析方法，引导学生运用男女平等观念分析问题，刻意培养学生的性别意识和主观能动性，灌输"四自"精神。

在学校第一次修订人才培养方案时，全校的必修课——女性学备受争议。但张李玺坚决不同意拿下这门课。她的理由很简单，办学始终不能抛弃传统和特色，女性学作为学校的一个特色课程，一定要讲，而且要讲好。教授女性学的老师们也在教学方法和课程内容上下了不少功夫。一位上过女性学课程的学生曾讲述了她上课的全过程：开学第一节课，老师让每位同学上台做自我介绍，并在台下用录像机记录每一张面孔；几次课后，老师带她们去植物园参观，要求每个人跟至少十个陌生人谈话；再过几周，老师把同学们分成正反方，举办一场"女性该不该回家"的辩论赛；最后一堂课，老师逐一播放几次课录下的视频，透过影像，同学们回顾了自己从羞怯局促到落落大方的成长历程，也明白了老师的良苦用心。原来，老师除了给她们传授女性学的理论知识外，还有意识地培养了她们自尊、自信、自立、自强的"四自"精神。

中华女子学院主楼前的石碑上镌刻着校训"崇德、至爱、博学、尚美"①

---

① 照片来源于中华女子学院网站，http://www.cwu.edu.cn/xcb/mlxy/3800.htm.

　　除了女性学外，女院还有一门关于女性礼仪与修养的必修课。这门课倡导的是内外兼修的美，支持"漂亮的女权主义"。关于西餐的吃法、座位的排序、中西方礼仪以及如何在不同的场合得体着装、穿裙子怎样捡东西等，老师会亲自示范，以告诉学生们如何做一名优雅的女性。招收女生不一定是中华女子学院的特色，但培养知性、高雅的女性一定是女院的显著特征。

　　女院的专业建设在短短几年内取得了丰硕的成果。2007—2009年，社会工作、学前教育、女性学三个专业先后获批北京市特色专业建设点和国家级特色专业建设点。2010年，女性学专业又被批准纳入普高本科第一批录取批次招生。

　　女院的特色还体现在学术支持方面。分管科研工作的刘梦副院长提出，学校科研也要打造团队，争取高水平的科研项目，形成女院的特色。学校每年拿出专项基金，一部分作为学术论文的出版基金，另一部分则用于资助出版女性研究专著。在这笔经费的支持下，《暴力VS非暴力——透视大众眼中的家庭暴力》《失落与追寻——世纪之交中国女性价值观的变化》《角色期望的错位——婚姻冲突与两性关系》《女性学》《幼儿性别教育研究》《中国女性人力资源管理与开发》等一批出自女院教师之手的性别研究著作相继问世。许多老师也因著书立说，在学术界拔新领异，赢得了良好的声誉。科研处还鼓励不同专业的老师们抓住女性研究的特色，在所在领域选择课题。金融系的一位老师经过点拨，发现女性研究与金融学也有可以衔接的地方，于是申报了"北京市农村妇女小额贷款研究"的课题。果不其然，成功获批。学术研究也讲究得风气之先，况且我国现阶段妇女是小额贷款的主体，这位找准定位的老师后来还成了小额贷款研究领域的前沿专家。女院的体育专业同样如此，从女性视角研究体育运动，专业特色自然而然就形成了。

除此之外，学校还积极举办与女性相关的学术交流活动，迄今已成功举办了首届马克思主义妇女观研讨会、首届中国女企业家理论研讨会、首届中国女性人才资源开发与利用国际研讨会、首届妇女与社会性别导论课程建设国际研讨会等具有一定影响力的国内、国际会议。

所谓特色立校，学术体系的创建不容忽视。作为中国最负盛名的女子大学，中华女子学院理应汇聚最优质的女性研究资料，成为性别研究领域的重镇。为此，张李玺提议，筹建中国女性图书馆，并希望以女子学院为平台，搭建一个史料最丰富、资源最丰厚、实力最雄厚、使用最方便的性别研究资料馆。当然，这项事业不是一蹴而就的，需要日积月累地积淀。中国女性图书馆创建之初，张李玺带着学校的几位老师给各大使领馆写信，恳请他们提供不同国别、不同版本的女性研究书籍，并向女性研究界的专家学者和女性组织致信，请她们为中国女性图书馆添砖加瓦。令人欣慰的是，彭珮云、吴仪、顾秀莲、陈至立等国家领导人也纷纷为女性图书馆捐赠书籍。截至2011年4月，中国女性图书馆已藏书1.7万册，引进数据库21个，为学校的人才培养和教学科研提供了保障，也为特色立校打下了坚实基础。"把中国女性图书馆建成在国内外有影响力的妇女/性别研究信息资源中心"[1]，是所有女院人共同的梦想。

---

[1] 范继英.解放思想 特色兴校 为建设"四个中心"和一流女子大学而努力奋斗——在中国共产党中华女子学院第二次代表大会上的报告[R], 2011-4-28.

2012年12月27日，女性图书馆揭幕仪式

女性是社会历史变迁的亲历者和推动者，但在正史中却常常处于缺席或失语的状态。女人的所言所感其实是一笔宝贵的精神财富。为了记录一个时代女性的声音，张李玺还在中国女性图书馆专门设立了"中国妇女口述史"研究课题组。在财政部专项基金的支持下，课题组组建了一支经过严格训练的口述历史访谈员团队。访谈员平均两人一组，每组负责采访一位女性，并邀请一位专家评估她们的访谈记录。接受访谈的女性基本在70岁以上，其中有早年投身革命事业的老党员，新中国妇女教育、妇女运动的推动者（包括女校教师、妇联领导等），新中国的建设者（涉及法律、医疗、铁路建设、地质勘探、水利建设等领域），20世纪50年代支援新疆建设的兵团女兵和女青年，还有居委会干部、家属工、农村妇女、残疾女性等。[1]为了保障学术过程的严谨，口述历史课题组还邀请了台

---

① 信息根据中国女性图书馆官方网站整理，网页链接http://www.china womenlibrary.com/node/26.

湾口述历史专家游鉴明和国内女性口述历史领域的知名学者杜芳琴等到学院做讲座，传授他们的理论和经验。2012年，中国女性图书馆又成立了"中国妇女口述历史研究中心"，以女院的科研团队为基础，联合海内外的学术团队，专门从事推动妇女口述历史资料的科学研究工作。目前，该中心正和英国苏塞克斯大学合作，围绕主题"倾听她的故事——中英两国妇女的解放历程"，开展资料研究和交流工作。研究中心以往汇集的100多篇女性人物访谈记录也将整理出版。"中国妇女口述史"研究取得了阶段性成果，张李玺希望研究中心的师生们再接再厉，继续丰富史料，希望将来"全世界的人，包括中国人，不管是谁愿意研究中国女性，做相关课题，他们首先想到的是中华女子学院的中国女性图书馆"。

　　确立女院的特色，也就明确了女院的办学指导思想，两者其实是相互支撑的。女院的办学要"为经济社会发展服务，为妇女发展服务，为妇女国际交流和政府外交服务"①。而真正落实"三个服务"，特色立校是必经之路。

　　2008年，女院启动第二次人才培养方案调整。学校长期在成人教育模式下运营，即便2002年转制也没能脱离妇女干部学校的窠臼。于是，带领女院脱离旧有的教育轨道，成为张李玺上任后亟待完成的任务。加之2008年教育部出台高校指标相关政策，要求大学至少具备三个学科门类，每个学科门类又得下设三个一级学科。要贯彻教育部文件精神，重新整合校内资源，女院的院系设置就面临一次大洗牌。

---

① 张李玺.走特色立校之路 建高水平女子大学——中华女子学院本科教学工作水平评估院长汇报[N].中华女子学院教学评估工作简报，2005-11-27.

哪些院系合并？哪些专业拆分？哪些专业撤销？哪些学科作为特色学科、重点学科继续发展？从事过高校管理工作的人都知道，院系调整一不小心就可能损害学校的长足发展，也容易激起教职员工的消极情绪。为了实现院系调整的公平合理，避免内部矛盾，张李玺组织召开了几次教职工代表大会，请奋战在一线的女院人畅所欲言，发表建议。什么是一级学科？什么是二级学科？怎样保留以前的专业特色？哪些专业需要开拓新的特色？正是在一次次的讨论、磋商中，女院院系调整的方案才逐渐明晰。

2008年，学校制定了《中华女子学院2008—2010年学科建设规划实施方案》，适时调整了教学机构。调整后，女院拥有社会与法学院、管理学院、教育学院、艺术学院、高等职业技术学院、继续教育学院、中华高丽（职业）学院七个二级学院和外语系、计算机系、金融系三个系，以及公共教学部、体育教学部两大学部。

随后，为了进一步突出学院特色和学科实力，院系规划又做了新的调整。这一阶段，突出特色不再拘泥于大学发展的框架，形式上也不局限于以学科门类定学院名称。法学从社会与法学院抽调出来，单独成立法学院。社会工作、社会学、女性学这几个专业合并，并更名为性别与社会发展学院。如此强强联合，彰显了女院特色。教育学院成立时，下设只有学前教育一个专业。为了突出学院在儿童教育方面的优势，教育学院后来又更名为儿童教育与发展学院，并且将心理学等新建专业纳入其中。从这两个二级学院的更名可以看出，学校在特色建设上已经形成了明确的办学思路。

任何大刀阔斧的改革都可能牺牲一部分人的利益，女院的院系调整也不例外。社会工作系原下设物业管理专业，当初之所以要开设这个专业，主要是为了培养为社区服务的学生。但后来这一专业的发展偏离了原有的专业目标，为了顾全大局，学校撤销了物业管理专业。专业撤销了，教师还在。为了合理安排每一位教师，张李玺一次次地和系里领导商议，并单独找老师谈心，结合学校的需要，动员她们重新考虑未来的职业规划。张李玺晓之以理，动之以情，这几位专业老师最终都接受了学校的建议。一位老师调往基建处，一位老师分配到法学院，一位老师去香港的大学攻读硕士学位，还有一位老师负责主持全校的女性修养课。张李玺认为，学校既然出于发展之需调整专业，就要为教师的发展考虑，不能把压力转移到教师身上，要给他们更多的选择空间。

尽管改革会付出代价，但没有革新就没有进步。在竞争日益激烈的现代社会，故步自封意味着坐以待毙。教职员工出谋划策，院领导果断决策，还有一部分教职员工为了学院的未来做出了巨大牺牲，女院人上下同心，顺利完成了一次院系大调整。而这次调整进一步明确了女院的发展规划和人才培养目标，意义深远。

女院一直很关注毕业生的就业去向，连续几年召开毕业生和社会用人单位反馈会。一些单位反映，女院的学生吃苦耐劳，十分敬业，但也存在知识面不宽、基础不扎实、实践能力不够等诸多不足。就业单位诚恳的反馈意见引起了学校的高度重视和深刻反思。大家认为，学校还没有走出传统的教学模式，课堂教学仍以传授理论知识为主。并且，课堂教学比重过大，忽略了实践教学的重要性。知识是在师生互动中传授的，能力是从实践中培养的。要提高学生的综合能力和市场竞争力，课堂改革势在必行。

根据培养应用型人才的要求，分管教学的李明舜副院长和教务处经过大量调研，试图将实践教学贯穿到大学教育的全过程中：缩短课堂教学时间，延长实践课时，并提出了"进阶式实习计划"的改革思路。比如，学前教育的学生每年的实习课程都不一样，从校内的幼儿园实验室到知名的示范幼儿园，每个学生都必须经历从小到大、由浅入深的实习过程。通过修订人才培养方案，学前教育专业逐渐形成了一套成熟有效的教学、实习方案。在教师们多年的辛勤耕耘中，该专业取得了一系列教改成果，毕业生也广受社会欢迎。

加大实践培养的力度确实能提高学生的应用能力，但给实施调整的院方也带来了新的挑战。总课时量不变，课堂教学时间缩短，课时量减少，自然会影响老师们的收入。既要提高学生的实践素养，又要保障教师的基本收入，那么培养方案改革就需要统筹兼顾、综合平衡。张李玺建议，教务处、人事处、财务处和科研处要彼此协调，共同解决这个矛盾。大刀阔斧的教学改革不能以牺牲教师的收入为代价。李明舜副院长亲自参与各个专业的改革方案设计。后来，结合教学改革，大家在一些课程上达成了共识。例如两课的改革，学校鼓励学生走出课堂，利用假期参加社会调研或实习。为了保证学生有效地参与社会实践，老师要点对点地给予指导，并要求学生在社会实践或实习期结束后，上交调查报告或实习总结。这样，老师们批阅报告的时间填补了空缺的课时，总工作量反而有增无减，后来，有的公共课也参照了这一模式。张李玺之所以让几大部门协商解决课程调整的问题，是因为只有让他们深入了解教改的流程，才有可能使他们协力促进政策的落实。

学校一直非常关注毕业生的去向，因为就业市场很大程度上决定了专业的调整和教学改革。分管就业的副院长宋胜菊建议，委托第三方教育数据咨询与教育质量评估机构麦克思数据有限公司对毕业生半年后的就业状况进行连续三年的追踪调查，以保障调研的力度和数据的可信度。张李玺积极支持这一建议。于是，2010年学校拨付专款，委托麦可思数据有限公司开始为期三年的追踪调查；2012年，学校又启动了全校新生的摸底调查。第三次人才培养方案的调整就从这一年开始。张李玺说："要明确学校定位，要明晰办学思路，我们首先要知道的是我们的学生从哪里来，到哪里去。"2012届学生的调查数据显示，女院从省城来的学生仅占学生总数的17%，城镇学生占28%，几乎一半的学生来自农村。并且，这些学生大多是参照高考二本线录取的。但女院的教师多毕业于重点大学。老师们以前在重点大学学习，周围都是同一水平的同学，现在教授的学生多为本科二批，其基础知识则相对薄弱。学生与教师在知识水平上的差距引发了张李玺的思考：学校的专业建设、课程设置和教学方法的改革必须考虑到这些因素。

　　有关新生就业意向的调查显示，百分之七八十的学生愿意在城市工作，她们的第一志愿大多填写"公务员"，第二志愿大多填写"国有大企业"。女院的调查结果与211工程院校非常一致，但近几年的就业状况又是怎样的呢？连续三年的就业去向调查表明，女院的毕业生绝大部分去了中小企业或私营单位。意向和去向的落差同样引起了张李玺的关注。毕业生步入职场后，才能切身体会到之前学习的知识是否有助于工作，哪些知识更能发挥作用。所以，毕业生对课程设置的建议很有参考价值。有些毕业生反映，某门课并不能学以致用，一毕业就还给老师了。有些毕业生反映，若当初好好学习某门课，工作后就不会处处碰壁了，可惜当时老师和自己都没有重视。还有学生反映，有些自己很喜欢的课，老师却不擅长讲。张李玺要求各部门认真组织讨论评估机构完成的调查报告，结合专业建设、市场需求、学生意向，思考如何改进专业、改革课程，完善"招生—培养—就业"的联动机制。

通过循序渐进地调整人才培养方案，女院最终确立了"求精求特"的办学思路。作为一所立志引领先进的性别文化、坚持男女平等基本国策的女子大学，中华女子学院始终立足特色建设。

师资强校

评估前，女院的师资队伍是青年教师居多，教授偏少。师资短缺、师资队伍结构失衡曾一直是制约学校发展的"短板"，也是2005年本科教学工作水平评估中专家提出的主要问题。

表1　中华女子学院2003—2005年度师资数据统计

年份	正高数	博士数
2003	13	11
2004	19	14
2005	20	19

师资队伍建设是张李玺上任后的重要举措。为了给学校引进一批学科带头人，她和领导班子成员多次研究出台人才引进文件，学校领导还分头到全国各地搜罗人才。对于女院急需的资深教授，张李玺借在外地开会的间隙，登门拜访，苦心游说，尽可能地满足他们提出的要求。不少教授在综合考量女院的地理优势、发展前景

和自身的职业规划、工资待遇后，最终选择来到北京、扎根女院。张李玺也很重视青年人才队伍的建设，积极引进博士。上任后不久，她便出台了引进博士的文件，先后引进了一批博士生。

　　引进优秀师资不易，留住人才更难。女院不能做临时的跳板，而要成为永久的平台。张李玺首先想到的是留住教师。在条件比较差的情况下，女院坚持教师一人一张办公桌、一人一台笔记本电脑。图书馆一旦收录某个领域的前沿资料，也会第一时间发短信、电邮给相关学科的老师。另外，女院一线教师的工资一直略高于行政人员。尽管这一做法曾引发不满，但张李玺坚持执行这一政策。有时，行政人员会认为当教师很轻松，他们不用按时按点地坐班，可以在家做饭、带孩子，一周也上不了几天课。张李玺却把老师比作钢厂里站在炼钢炉旁的工人，因为老师的辛苦是不为人知的。由于工作性质特殊，他们在家时还得学习、备课、写论文。很多老师哄孩子睡觉后，还得熬夜看书。在教师会上，张李玺又苦口婆心地给老师们讲行政人员和工人的不容易，请大家互相理解、支持。有些教师调整到行政岗位后，也确实体会到了行政人员的不易。为了让教师安心教学，张李玺竭尽所能帮助他们解决后顾之忧。学校千方百计提高教职员工的收入，在国家、全国妇联和北京市政策规定允许的范围内，努力改善教职工的福利待遇，先后争取了一百多套经济适用房、两限房，为一百多户教职工解决了住房困难，还为17名教师解决了夫妻两地分居的问题。

　　借鉴国外大学的办学经验，张李玺还和学校领导一起制定了学术休假制度：高级职称教师每三年可以带薪休一次学术假，为期一个学期，目的是鼓励他们专心致志地做课题研究。攻读博士学位的老师还有论文假。除了从政策上扶持、关照教师，张李玺也不忘从个人情谊上关怀她们。在女院，每一位老师的名字，她都可以脱口而出。老师的配偶干什么工作，家里的孩子几岁了，她差不多也都了解。有一年，学校有一些教师的孩子面临高考。张李玺听说情况后，跟工会的领导商量，高考期间给有考生的家庭放两天假，让这些教师全心全意地照顾孩子。

在引进人才的同时，张李玺还很重视人才培养。女院经常举办丰富多彩的培训活动，比如"党总支书记、党支部书记和专兼职纪检干部培训班""学生工作队伍培训班""就业工作专题培训""学生工作案例分析会""教研室主任培训""优秀骨干教师培训"等。对引进的新教师，学校首先召集他们参加培训班，向他们介绍学校的历史沿革、未来走向、科研制度、职称评定规定和报销制度等。最有特色的是，无论老师们之前从事哪个领域的研究，来到女院就必须参加性别教育培训课。课堂上，主讲老师会给新教师讲授男女平等基本国策的内涵和女性学的基础知识。这样的培训安排不无道理，毕竟新教师们即将在女院工作，每天面对女生，性别意识教育有利于他们真正融入女院。此外，学校还积极鼓励教师深造，无论是年轻教师还是老教师，只要考取学位，学校就按规定报销学费。近年来，每年都有五六位老教师攻读博士学位。2014年，女院一位57岁的教授顺利获得博士学位。女院人的进取精神令张李玺倍感欣慰，她对攻读博士学位的老师们内心的焦灼深有体会，毕竟她是过来人。白天上课、处理校务，晚上读书、写论文，这样连轴转的生活对于很多人来说都是煎熬。为了鼓励老师们一鼓作气攻下学位，张李玺还带头组织博士队伍现身说法，给正在读博的老师们传授经验，与他们交流情感。女院还有一个青年教师培养计划，新教师一进校，就配备了老教师作为导师。从课堂教学到实习，从学校的办学思路到专业建设，老教师会对新教师一一指导，而这些付出一并记入老教师的工作量。老师受邀出国开会、交流，学校也会视情况给予经费补贴。自2004年以来，女院围绕"队伍建设工程"，着力实施了"学科、学术带头人计划""国内研修计划""学历提升计划""高层次人才引进计划"等一系列扶持政策。2010年，学校又开始推行教职工发展支持计划，关注三支队伍的建设，投资100万元，加大教职工培训力度。2012年，这笔专项资金提高到了200万。可见张李玺等一批校领导对人才队伍建设之重视。

在学校的发展过程中，一批老教师兢兢业业，不离不弃，堪称女院的功臣。张李玺在引进教师、培养人才的同时，也没有忘记这些默默耕耘的老教师。在人事制度改革和岗位设置中，女院也充分考虑到长期奋战在教学一线的老教师的利益。在女院没有评定高级职称的权力，学校的编制又受限制的情况下，张李玺和班子成员经过充分讨论，研究出台了"校聘教授"的新政策，鼓励一些教龄长、讲课好的资深教师在校内参加评选。这样，既节省了程序、避免了麻烦，又维护了为师者的尊严。如果一位深受学生爱戴的老师讲了20年座无虚席的课，但还是讲师，这位老师会怎么想？张李玺喜欢设身处地替别人考虑，这或许也是女性领导的天性使然。

表2 中华女子学院2013年度师资数据统计

类 别	人数	占在编人员368人的比例
正高数	34	9.2%
副高数	90	24.5%
中级数	184	50%
博士数	103	28%
硕士数	157	42.7%

注:截至2013年,女院共引进高层次人才21人,较2012年的数据统计几乎翻了一番。此项数据未列入表格。

通过实施一系列的人才建设工程,女院在短短几年内优化了教师队伍结构,从整体上提高了师资水平。截至2012年8月31日,学校共有专任教师288人,比2004年提高了74.55%;具有硕士及以上学位的专任教师有241人,占专任教师总数的83.68%;具有博士学位的专任老师有89人,占30.9%;具有副高以上职称的专任老师有114人,占39.58%。2005—2012年间共引进高层次人才11人,2010—2012年间聘请荣誉教授34人、特聘教授10人、讲座教授7人。[1]从无到有,由弱变强,女院的师资队伍建设收效卓著。

走向国际

20世纪90年代中后期,国际化浪潮在中国的名牌大学率先掀起。张李玺上任时,高校的国际风已经吹了近十年。"走出去"已是大势所趋。

---

[1] 张李玺.真抓实干 改革创新 为实现学校十二五规划目标而努力奋斗——在第三届教职工代表大会暨工会会员代表大会上的工作报告[R].2012-12-22.

21世纪初，中华女子学院还鲜为人知。要提高女院的知名度，先得让女院人走出去。学校先后跟韩国梨花女子大学、韩国淑明女子大学、日本九州女子大学、美国七姊妹学校等国际知名的女子大学联系，派遣教师参加这些学校举办的国际会议和学术活动。2007年以来，女院又实施了"教师海外研修计划"和"双语课程以及外语教师资助项目"，资助近40名教师出国参加教学与学术交流，组织30名处级干部和教授赴美国、英国、澳大利亚、瑞典、韩国等国家的高校访问、学习。据统计，2004—2012年间，女院教职工共有200余人次出访了二十多个国家和地区。在开展对外交流的过程中，教师如同使者。通过参加亚洲城市会议、世界女性研究大会、社会工作联盟等知名的国际会议及组织，中华女子学院被越来越多的人所知晓。

图为张李玺参加亚洲城市会议

女院也毫不吝惜地支持学生"走出去"。学校每年收入的千分之四用作学生奖助学金。奖学金的形式多种多样，张李玺就利用其中的一部分资金资助优秀学生赴韩国、日本、新加坡、美国等地的高校访问、学习，并在这些小使者们回国后，邀请她们给全校学生开宣讲会。受条件所限，学校不可能给每个学生提供出国交流的机会，但学校会千方百计地开拓学生的国际视野。女院与北京市的一些企业联合，让他们帮助联系国外的企业，学校则在暑期派遣学生赴国外参加有偿实习。在此期间，女院的带队老师负责学生的日常生活和安全工作，学生自掏路费、食宿费。但还有一部分贫困生掏不起路费、食宿费，怎么办呢？没有做不到，只有想不到。张李玺联系了很多公司，请大家支持、赞助贫困生。中国妇女旅行社是第一个积极支持贫困生"走出去"项目的公司。去香港交流返校的一批贫困生感慨，那是她们第一次坐飞机，第一次住酒店，第一次见到太平绅士，第一次感受不一样的世界。一次出行竟成就了人生中的诸多第一次。随着交流活动的日益深入，女院学生参加国际活动的级别也越来越高。2011年，女院的优秀学生代表陪同时任全国妇联主席的陈至立出访韩国，后又参加了在意大利举办的"世界女子教育联盟学生领导力大会"，以女院学子的群体形象迈出了走向世界的第一步。就这样，"走出去"成为一种愈加开放的办学姿态。

博采众长，兼容并蓄，不"迎进来"，终究走不出去。女院先后与近20所国外高校建立了长期交流合作的伙伴关系，并积极聘请外教、外籍专家来女院教学、做讲座。自2003年获得招收外国留学生资格、2004年获得招收港澳台（侨）留学生资格后，女院相继接收了二十多名港澳台（侨）学生和外国留学生来校学习。2005年，女院与香港中文大学、美国密西根大学联合举办了国内首届女性学研究生课程班，来自全国13所高校、3个妇女组织和研究机构的22名教师和研究人员参加了该班的课程学习。迄今为止，学校已成功举办了"中外女子大学校长论坛""反对针对妇女的歧视与暴力——理论及行动干预国际研讨会""第六届东亚儿童科学国际研讨会"等国际交流活动,搭建了具有一定影响力的妇女儿童问题国际平台。除此之外,女院还坚持服务国家总体外交,每年都接待许多国外的代表团,还举办过巴基斯坦文化周等外交活动。这里正日渐成为世界了解中国妇女教育及其发展的重要窗口。

2011年10月,中国原驻联合国、驻美大使李道豫来女院讲座,这拉开了"大使论坛"的序幕。"大使论坛"是张李玺精心策划的交流活动,每年举办4~6次。创办这样一个论坛,张李玺的初衷是为女院的学生创造更多"看世界"的机会。北京拥有得天独厚的地理优势,除了中国外交部外,这里还汇集了各国大使馆。请大使们来开讲座,不正是充分利用丰厚的国际资源吗?"大使论坛"自开办以来,先后邀请了原中国驻阿拉伯联合酋长国大使张志军,原中国驻阿尔巴尼亚大使范承祚,原中国驻苏联、俄罗斯大使李凤林,前外交部部长李肇星,原巴基斯坦驻华大使马苏德·汗,原冰岛驻华女大使柯丝婷(Kristin A. Arnadottir),原美国国务院全球妇女事务无任所大使梅兰妮·弗维尔(Melanne Verveer)等外交官前来讲座。不远行而晓天下,大使们通过剖析国际局势、介绍异域风情、讲述成长故事,开拓了师生们的视野和思路。

中华女子学院的国际活动举办得如火如荼,其信誉和影响也日渐扩大。2012年,经过考核,女院被批准为商务部援外培训基地,承担培训外国人员的任务。目前已经培训了来自亚洲和拉美国家的两批政府官员。从名不见经传的女校到对外交流的窗口,中华女子学院走向国际的步伐还在继续。

在张李玺的带领下,女院的教育事业蒸蒸日上。2007年以来,学校社会工作、女性学、会计学、法学、学前教育等6个专业先后与东北师范大学联合培养研究生，27名教师被聘为研究生导师，共培养了45名研究生，实现了研究生教育"零"的突破。2011年3月，中华女子学院理事会成立。理事会的成立有助于女院"加强与社会各界的联系，全面实施开放办学，探索建立社会支持和监督学校发展的长效机制，完善学校治理结构，扩大学校的社会参与，增强学校服务社会的能力"[①]，在学校的发展史上具有里程碑意义。同年10月，社会工作专业获批"服务国家特殊需求人才培养项目"专业学位研究生试点工作建设单位。2012年11月，女院顺利通过了国务院学位办的评估，正式取得了专业学位硕士点。除此之外，女院的国家级科研立项课题也实现了"零"突破。截至2012年，女院共获得9项国家级科研立项课题，其中，国家社科基金项目7项，国家软科学项目2项，省部级立项课题35项。并且，女院在国家级优秀教学团队、省部级教学名师、精品课程、实验教学示范中心的建设上也都实现了从无到有的突破。2012年，女院计划招生1 780人，较2004年增加48.33%；京外生源录取分数平均高于各省二本线48分，较2004年提高了30多分。近几年，毕业生的就业率也一直保持在90%以上。

这些数字凝聚了心血，融入了感情，也诉说着女院过去十几年翻天覆地的变化。作为院长，张李玺在感到欣慰之余，总不忘提醒自己："我们还没有争取到硕士学位授予权，学校四期基建压力还很大。另外，学校将来的发展方向也是一个亟待研究的问题。学校

---

① 摘自中华女子学院官方网站之"历史沿革介绍"，http://www.cwu.edu.cn/cwugk/lsyg/index.htm.

的国际化水平还有待提高，社会对学校的评价和家长对学校的认可都是我们面临的挑战……未来的路还很长。"

2011年，关于"老人跌倒后扶不扶"的问题，不同版本的"大学校长撑腰体"在网上悄然走红。其中一段是这样的，"中华女子学院院长张李玺说：看到老人摔倒了就要去扶，他要是讹你，社会与法学院打官司，儿童发展与教育学院讲道理，社会工作学院跑人脉，金融学院出钱，管理学院打造公关团队，艺术学院制造舆论压力，外语及对外汉语系写诉状，走向国际舞台"①。这段看似调侃的文字背后凝聚着女院人对母校、对院长的浓情至爱。不错，未来的路还很长，还需一路同行。

---

① 资料来源于百度百科，http://baike.baidu.com/view/6693920.htm?fr=aladdin.

第三章　奋斗出来的人生

来自西北平常人家

　　父辈们或许没有想到，张李玺的名字注定要与她日后的事业结缘。"我的名字在中国的女性中可能有点特殊。第一，其中含有两个姓：张和李。张来自父亲一系，李来自母亲一系。看来，四十多年前，他们就在争取男女平等了。我的名称实际上只有一个字：玺，意思是皇帝的大印。这种象征着权力的字一般是不拿来给女孩子起名的。"①更出人意料的是，这样一个硬朗脱俗的名字竟是张李玺的姥姥——一个识字不多的女人赐予的。

　　从张李玺的名字说开去，说到影响她一生的姥姥。姥姥21岁那年，丈夫去世了。乱世之中，她带着一岁多的女儿（张李玺的妈妈是

① 张李玺.革命，从家庭开始[M]//女性的反响——一群曾参与九五妇女大会国际筹备会议的中国女性的心声结集.北京：福特基金会，1995：46.

姥姥唯一的孩子）一路逃难，从河北逃到天津，又辗转陕西。一个女人家，不但每天要担惊受怕，还得喂养嗷嗷待哺的孩子，遭受的煎熬可想而知。好在姥姥个性坚强，聪明能干。一路上，她靠给军工厂做衣服、给国军缝扣子挣点小钱，勉强度日。就这样，好强的姥姥还培养自己的女儿上了护士学校。

　　姥姥含辛茹苦把女儿拉扯成人，终生孑然一身。一日，女儿对她说，自己有了心上人，准备结婚。姥姥问了男孩子的大概情况后，爽快地答应了。那时正值新婚姻法出台，姥姥也知道婚姻自由，但她要女儿转告对方一个附加条件——将来的孩子必须随母姓李。李，是姥姥夫家的姓氏。尽管丈夫故去几十年，姥姥独自抚养着孩子，但她执意认为自己是"李家人"，延续夫家的血脉是自己的责任。她给未来的女婿提出的唯一条件看似苛刻，却不难理解。小伙子还算通情达理，答应了。不过，他也有一个请求，自己的姓在前，李随其后。这一点，姥姥觉得也是应该的，点点头，成全了这桩婚事。女儿结婚后，姥姥一直跟女儿一家住在一起，帮忙操持家务，照顾孩子。在张李玺的印象中，姥姥是非常传统的家庭妇女，但又不同于那种只干活、不管事的传统女性。孩子的名字全是姥姥取的，都很大气。对于孩子的教养，她也十分重视。长辈不先坐到饭桌旁，孩子们不许动筷子；吃饭时，不能吧嗒嘴、跷二郎腿；大年初一不能扫地，即便扫，也要从外面扫进屋；过年包饺子，不能说饺

1952年张李玺父母的结婚照

子皮没了，要说饺子馅儿多了……这些都是小李玺经常从姥姥那里听到的教诲，也是她和弟弟妹妹们必须遵守的家规。幼时的经历对一个人的人格塑造是极为关键的。没有无节制的自由，没有可违抗的孝道，这是张李玺成人懂事后日渐明白的道理。但小时候，她只知道，那是规矩。

张李玺出生于陕西西安，四岁那年，父亲从西北局调到甘肃工作，她跟着父母、姥姥迁徙到了甘肃兰州。张李玺的父亲原本是陕西延川地地道道的农民，红军长征到陕北，他开始投身革命，后又参加了扫盲班、青干班的学习。1949年以后，张李玺的父亲被组织派往哈尔滨工业大学读大专。那时候，黑龙江经常内涝，他们这帮年轻人常被抽调去抗洪抢险。恰逢"反右"运动掀起，张李玺的父亲没过多久就被提前调回兰州的工作单位了。没拿到文凭就打道回府了，张李玺的父亲常被母亲调侃："读书没拿个大专文凭，倒拿了个抗洪英雄！"不过，"文革"后期，组织还是特殊照顾了那批念书的工农干部，给他们都补发了大专文凭。

张李玺的父母都不是文化人，俩人却在文化人扎堆的单位——甘肃省水利水电设计院工作。夫妇俩生养了五个孩子，除了大女儿张李玺外，还有三个女儿、一个儿子。在孩子的教育上，夫妇俩也很严格。张李玺印象最深刻的是，父母常常教育他们做人要有责任心，对自己负责，为他人担当。那时候，父亲一个月能领到147块钱的工资，在当时算是高工资了，加上母亲的收入，八口人的家庭生活还是比较丰裕的。每逢周末，母亲会领着孩子们去食品店，给每人买两毛钱的糖果。但有一个规定：可以自由选择，吃完了就不能再讨要。至于是买水果糖、牛奶糖，还是豆豆糖，全由孩子们自己权衡。张李玺喜欢吃冬瓜糖，可是冬瓜糖沉，两毛钱买不了太多。所以，总是张李玺的糖吃完了，弟弟妹妹手里的豆豆糖、水果糖还剩不少。尽管张李玺是家里的老大，但也抵不住嘴馋。这时候，妈妈就会教育她："你只能吃自己的那份，不能找弟弟妹妹要，自己做的选择就得自己负责。"家里正好五个孩子，父母就安排老大到老小每人轮流刷一天碗，周末的碗父母刷。如果谁哪天有事，被人顶了班，就得找一天还回去。家里吃完瓜，要把瓜子留下。刚开始，张李玺把瓜子平均分成五份，但母亲让她分成六份。母亲说："生瓜子得有人炒熟，有人负责分配，你们五个才能吃到嘴里，为大家服务的人理应得两份。"自己的责任，自己承担。别人的帮助，要懂得感恩，懂得回馈。尽管父母从未跟张李玺和她的弟弟妹妹们讲过做人的大道理，但生活的点点滴滴无不浸透哲理。

张李玺还记得，小时候，父母经常组织他们参加家庭演出。兄弟姊妹们各自准备一个节目，一个孩子报幕，一个孩子唱歌，一个孩子跳舞，形式多种多样，任凭大家自由发挥。全员参与的家庭活动不但活跃了家庭气氛，还能锻炼孩子们的胆识、勇气。所以，张家的孩子都不认生，不怯场。在家属院里，张李玺和弟弟妹妹们还算"小有名气"。邻居们常说："张主任家的那几个孩子待人彬彬有礼，整天乐乐呵呵的，教养真好！"

尽管家里是四个女孩、一个男孩，但弟弟从没有因此受过优待。在张家，自由是有节制的，平等是绝对的。父母给孩子零花钱，五个孩子都有份。轮到谁过生日，姥姥会煮一个鸡蛋，但要告诉其他孩子："今天是他的生日，所以能比你们多吃点。"家里例行勤俭节约，老大穿过的旧衣服留给老二、老三穿，一件衣服能一家孩子穿个遍。不过每年春节，母亲都会带孩子们去布店挑选布料，给每个孩子做一套新衣服。花色任他们自己选，大的小的都有份。在张家，若论受到优待，当属姥姥。父母经常教育孩子们要敬重姥姥，姥姥不先动筷子，谁都不能开饭。

张李玺的童年是幸福的。尽管生活在物资匮乏的年代，但她并没有感到日子有多艰苦。自由平等，相互关爱，一家人其乐融融。

情非得已备高考

1966年，"文化大革命"爆发。张李玺一家平静的生活被彻底打破了。父亲被关进牛棚，母亲挨"批斗"，只有姥姥在家照顾几个孩子。父母不在家，姥姥教育张李玺说："爸妈不在，你是老大。现在家里出了乱子，你就得担当起爸妈的责任，照顾好弟弟妹妹。"懂事的张李玺知道，在家庭陷入困境时，她应该挺身而出，为大人分忧解难。然而，她毕竟只是个十多岁的孩子，遇到"造反派"来家里"抄家"，她也会吓得直哆嗦。当"造反派"把姥姥穿着旗袍的老照片、家里的藏书，甚至是粮食搜刮出来，拿到外面焚烧时，她和弟弟妹妹只敢躲在窗户后面偷看，心惊胆战又束手无策。有时候，弟弟妹妹吓得哇哇大哭，她还要强装镇定，安慰他们。一天夜里，妹妹罹患急性阑尾炎，疼得死去活来。看着妹妹痛苦不堪的样子，张李玺只好叫醒弟弟，姐弟俩背着妹妹一路奔往医院。来不及犹豫，顾不了怕黑，她只想着要及时救妹妹的命。所谓环境造就人，世上没有天生勇敢的人，也没有天性怯懦的人。优秀的品质可以在顺境中熏陶出来，也可以从逆境中历练出来。急风暴雨的时代培养了张李玺的魄力、勇气和责任感,而这些品质将伴随她终生。

当然,姥姥也是张李玺的精神支柱。在举步维艰的时候,她常常为姥姥的胆识和智慧所折服。一日,"造反派"像往常一样来家里"抄家",还硬拉着姥姥去参加张李玺父亲的"批斗会"。姥姥不愿意去,"造反派"一个劲儿地催。眼看着姥姥就要被拽走了,张李玺主动提出要陪着姥姥去。就这样,她在前面扶着姥姥,"造反派"在后面跟着,急匆匆地赶往篮球场上的"批斗会"。突然,姥姥蹲下来,脸色苍白,呕吐不止。张李玺吓蒙了,号啕大哭。此时,"批斗会"马上就要开始了。"造反派"向她们嚷嚷:"起来!快走!快走!"可姥姥看上去已经不省人事了。"造反派"等不及,回头告诫张李玺:"我们先走,你们马上过来!"张李玺哭成了泪人儿,赶紧点点头。看着"造反派"越走越远,姥姥拍拍张李玺的手臂,迅速恢复了过来:"别哭!别哭!我是装的。"张李玺愣了。"我能去吗?他们让喊打倒你爸爸的口号,我不敢不喊,可我又不能喊,那我只好装病喽!"姥姥的一番解释让张李玺恍然大悟,原来她们成功逃过了一劫。几十年后,张李玺回忆起当年的情境,还仿若发生在眼前。姥姥的急中生智也让她明白了一个道理:万般无奈时,总有一条路可以脱离困境,这条路不在眼前,就在身后。

1968年,受"复课闹革命"的最高指示,张李玺所在的小学班级的学生全部被安排到了兰州28中(现为兰州西北中学)。在新学校里,他们忙着学工、学军、学农,每天在操场上练队,基本不学知识。人手一本"红宝书",上学不用背书包——这大概是张李玺那代初中生共同的记忆。在28中就读,张李玺对一间大门紧锁的教室很感兴趣。教室门上挂着写有"图书资料室"字样的牌子,门却从未打开过。同学们都知道,那间教室里锁着很多书。每次路过图书资料室,张李玺总忍不住扒着门缝瞅瞅。高高的书架上蒙着厚厚的尘土,她从来没见过那么多的书,真想钻进去翻翻看,但现实却容不了她再多站几分钟。

1969年张李玺家的全家福,前排正中是姥姥

张李玺很喜欢看书,但在思想钳制、文化荒芜的年代,书是被禁止的。好在张李玺的母亲当时在机关图书馆打杂,偶尔能捡些没头没尾的儿童读物回家。就这样,姊妹们还如获至宝,争先恐后地传阅。

父亲还关在牛棚里时,每天都得有人送饭。姥姥说:"牛棚,不能让女孩子去,只能让家里的男人送。"于是,张李玺的弟弟负责给父亲送饭。一天,弟弟拿着空空的饭盆,哭丧着脸回来了。原来,进牛棚前,两个男人拦住了他,把饭盆里好吃点的菜吃得一干二净,只留下几个玉米面饼子。姥姥知道后,不但没生气,反而宽慰小外孙:"谁吃都是吃。"时隔几年,父亲出了牛棚。一日,有人敲门,弟弟开门一看,满脸怨怒,狠狠地关了门。

父亲问:"谁啊?"

弟弟答:"抢饭的那两个坏蛋。"

父亲说:"让他们进来吧!不是他们的错。你得叫叔叔。"

　　父亲的宽容，一家人的善待，反而让那两个欺负过父亲的同事羞愧难当。在人人如履薄冰的年代，让张李玺感到欣慰的是，街坊邻居总有人愿意帮他们一把。张李玺家住在五楼。那时候，姥姥长得胖，身体又虚弱，但凡出门看病，院子里总有别人家的儿子或丈夫自告奋勇地过来背姥姥下楼。

数十年风雨同舟，张李玺父母仍伉俪情深

1971年,张李玺初中毕业。周围同学的工作都快分配完了,但受阶级成分的影响,她一直没有着落。20世纪七八十年代,工人是很光荣的职业。每当看到军用大卡车开到学校里,同学们一批批地往大敞篷里跳的时候,张李玺无比羡慕。她曾无数次梦想,自己有一天也能坐上大卡车,进工厂当工人,成为工人阶级的一员。可是,和张李玺一样受政治牵连的七八个同学,等来的却是上高中的消息。那时候没有人尊重知识,家里有问题的学生不能当工人,就不得不继续念书。即将上高中的张李玺觉得自己很不幸。

留在28中高中部,张李玺才断断续续补了一些初中没有学过的文化知识。她开始学习语文、数学、物理、农业基础知识、工业基础知识等课程。教数学的是一位姓刘的中年教师,瘦瘦高高的,说起话来字正腔圆,不紧不慢,非常和蔼可亲。刘老师的板书极好,第一次上数学课就让全班同学震惊了。随着刘老师胳膊的旋转,一个规规矩矩的圆出现在黑板上。同学们惊呼,跟用圆规画的一样。并且,他不用尺子教具,画出来的线条也都横平竖直。下课后,同学们争前恐后地上黑板比划,效仿刘老师画圆,不过,大家怎么也画不圆。每次上刘老师的课,张李玺都会聚精会神地听讲。老师站在讲台上的一举一动,在张李玺看来都是那么有吸引力。刘老师拿着一根粉笔,从黑板的左上角开始写写画画,一边讲课,一边回头跟同学们眼神交流。一个个公式在他的推理中有序出现。更为神奇的是,只要刘老师写到黑板的右下方,总结完最后一个公式或计算出最后一个结果,下课铃必定响起。那时候,张李玺并不知道这是一门精湛的教学基本功,只是觉得听刘老师的课真是一种享受。在知识荒废的"文革"期间,是没有多少孩子认真听课的。尽管课堂上不乏调皮捣蛋的学生，但刘老师都会精心准备、认真讲好每一堂课。在张李玺的班级，同学们上课睡觉、吵闹、偷偷溜走的事常有发生。有一次，几个男同学和女同学上课递纸条被抓到了，工宣队要把这几个学生送去学习班改造。班主任刘老师执意要留下其中的女同学，还跟工宣队的同志讲道理："男孩子能去学习班，女孩子不可以，去那个地方会毁了她一生。"听到刘老师的那席话，张李玺顿时心生敬畏。在那个年代，教师活得很没有尊严，却努力地保持为师者的精神操守。直到今天，张李玺都未曾忘却那艺术作品一般的板书和刘老师永远挺直的腰板。在她看来，方方正正的字体、横平竖直的线条勾勒出的是刚正不阿、尽职尽责的人生轨迹。

受父亲牵连，张李玺没能如愿当上工人。到了高中，为了洗刷身上的"问题"，她时时处处好好表现，尽心尽力地为同学们服务。冬天的教室寒气逼人，张李玺总是提前到校，把从家里拿来的劈柴和报纸点燃，烘暖教室。等同学们来上课时，教室里就变得暖烘烘的了。学红军走长征路，同学们参加冬季拉练，背着行李一连走上十几天路。为了鼓舞士气，张李玺走在队伍前面编快板："同学们，加油干！同学们，往前看！前面就是加油站！"晚上，他们驻扎在沿途村庄的大队部休息。张李玺总是抢最靠门的位置，那样她可以为其他人堵住风口。夏天拔麦子，其他同学拔三四趟，她坚持拔七八趟，累得大汗淋漓也毫无怨言。张李玺的善心善行感动了很多同学。在他们眼里，她活泼开朗，敢于担当，无私奉献。高中时期，学校恢复建团制，组织开始吸纳共青团员。由于平时表现突出，张李玺以高票通过，第一批入团。黑暗中一丝光亮若隐若现，张李玺终于扬眉吐气了一把。

"文革"期间，学校荒废，兰州市的中学教师青黄不接。1972年，兰州市政府下达文件，要求挑选一批优秀的高中生补充教师队伍。张李玺被选上了，和同批即将下中学当老师的同学们一起，在兰州师范学院集中学习教课。张李玺本以为，培训结束后，她可以回28中工作，结果却被分到了30中。一直表现突出、不是落伍分子的她理应去更好的中学。又一次失望，张李玺哭得很伤心。

"工作定哪儿了？"姥姥关切地问。

"30中。"张李玺说。

"在哪里？"姥姥的心里咯噔一下。

"小西湖。"张李玺答。

"哟！我还以为是外地的中学呢！走路十分钟。"姥姥瞬间松了口气。

"可它不是重点中学。"张李玺还是一脸的不情愿。不过，张李玺并不知道，她是因为表现出类拔萃才被特地抽调到30中的。原来，28中一位老师的丈夫在30中当书记，听说张李玺特别优秀，就点名留下了她。

培训结束后，张李玺他们不能直接上岗，还得下放农村锻炼一个学期。不过，对于成长在城市里的张李玺来说，农村并不陌生。张李玺的祖父家世代务农，父亲在参加革命前也是农民，因此家里的农村亲戚很多。对素昧平生的农民，张李玺总有种似曾相识的感觉，大概是对农民身上共有的那股朴实憨厚劲儿再熟悉不过了吧！下乡锻炼，他们到农民家吃派饭，交一斤粮票、九分钱。轮到谁家，谁家就会拿出最好吃的东西招待他们。吃派饭时，有件事情令张李玺至今记忆犹新。一次，一家人拿出一盘切成片的马蹄子（西北面食，用面粉和玉米面做成的花卷类蒸馍，外观似马蹄）给他们当早餐。有个男同学没吃饱，又不好意思接着吃，于是趁人不备偷了一块藏到帽子里。旁边一个同学瞅见了他的小动作，一回到大队就贴大字报揭发他。张李玺还记得，那张大字报的名字叫"冠下之观"。听说男同学因为偷了块马蹄子被批斗，那家的大叔来了："不能怪人家小伙子，是俺家的饭做少了，该挨批斗的是俺。"谁都没想到，老实木讷的大叔会大老远跑来给小伙子解围，这让在场的很多同学都为之感动。在农村锻炼的那段时间，张李玺亲身体验到了农民的疾苦，更能理解他们生儿子的狂热。冬天，自留地浇水，有些人家总是为了偷水吵架。张李玺发现，那些水被偷的人家都是没有儿子的。家里没儿子，很容易被欺负，被村里人瞧不起。对于农民传宗接代的思想，张李玺既理解又同情。在她看来，儿子不但是家族观念和农耕生活的需要，在很大程度上也是农民生命的终极价值体现。多年后，张李玺在很多科研课题的选题上，特意关注基层农民的生活，可能也和她的这段生活有关吧。

回城后，村里的父老乡亲还专门到兰州城里去看望这些城里的娃子。当时，一家一户每月就两斤肉票。大伯大婶远道而来，张李玺他们都会热情招待，每家拿出家里攒着的肉票，请他们吃饭。据说，每到一家，他们都能获此优待。乡亲们回村里后，还跟邻居夸赞："城里人日子真好，天天吃肉。"农民兄弟多么憨厚，多么可爱！张李玺对农民的感情至热至深，直到现在，但凡遇到农民问路，她都要说得一清二楚才能放心离开，生怕他们迷了路。

到30中报到没多久，学校就要求张李玺试讲。第一次登台要讲毛主席的诗词《沁园春·雪》，虽然认真准备了几天，但站在讲台上仍然十分紧张。一堂45分钟的课,她讲了20多分钟就无话可说了。和同办公室的老师们比起来,张李玺还是个需要锻炼的学生。好在办公室的几位老师都乐意帮她,谁有课就拉着她去听课,想方设法为她提供学习机会。几位老师也常去听她的课,课后及时给予提点。就这样,张李玺和他们结成了亦师亦友的关系。那时,社会上盛行"读书无用论",学校里学生张贴大字报告发老师的现象屡见不鲜,年轻的张李玺也常思考教师这一职业的意义。那时,办公室的几位老师经常谈论国家大事,比如,国家会不会停滞不前,文化能否复兴,知识分子还有没有出头之日,等等。几位老师忧国忧民的意识、积极乐观的态度,无时无刻不感染着张李玺。老师们还经常鼓励她继续学习:"小张啊,别看现在闹成这样,知识是有用的,这是迟早的事!"

19岁初为人师,张李玺感到最头疼的是班里有一帮不听话的学生。张李玺比学生们大不了几岁,在他们中间也没有威信。上课铃响了,学生们还满教室乱窜,课堂上也常有学生交头接耳,左顾右盼。他们的调皮捣蛋常常让张李玺焦头烂额。有一次,张李玺要讲观摩课,来听课的老师都到齐了,学生们还在教室外疯跑。张李玺心急火燎,喊谁谁不听,教室外乱成一团。多年后,张李玺还会梦见这样的情景,梦醒了,心有余悸,当年上课的压力可见一斑。课堂上,学生们不认真听讲,放学后也常常惹张李玺生气。有些学生还在张李玺回家的路上蹲点,伺机捉弄她。眼看着张李玺走近,他们就突然从大门后或胡同口冒出来,冲着她大喊"张李玺",然后一哄而散。张李玺气得直跺脚,却束手无策。

一学期后,张李玺当上了班主任,接管一个班级。"文革"时期,学工、学农、学军几乎是每个学生的必修课,张李玺也经常带着学生下地干活儿。一年初夏,她领着全班同学去农村收割油菜籽。农民一再叮嘱,那年的油菜籽比较干,不能随地踩踏。就在大家埋头收割时,一个学生突然尖叫一声:"有蛇!"来不及看蛇在哪里,大伙儿开始手忙脚乱,一顿乱跑。油菜地被踩得噼里啪啦响,张李玺急得满头大汗,赶紧让一个男生把蛇抓过来。男生抓到蛇后,砍了几刀,随手扔到田埂上了。看见蛇奄奄一息,同学们才恢复平静,继续干活儿。可没过多久,张李玺就听见身后传来"嘶嘶"的声音,好像是什么东西在蠕动。她回过头去一瞅,差点吓得魂飞魄散——刚才那条蛇就在她脚后跟处。怎么办?张李玺也想跑,但担心学生们乱作一团,踩坏油菜地。她只能故作镇定,举着镰刀,朝身后一顿猛砍。现在回忆起来,张李玺还觉得后怕。不过,那次经历给她的人生上了严肃的一课。责任,有时候是一种约束,但很多时候还能激发潜能。一旦带着责任心做事,也就无所谓不可能、不敢为了。

在30中,张李玺受到团组织重点培养,不久就当上了团委书记。恰逢兰州市落实为领导班子增加新鲜血液的政策,张李玺作为青年教师被提拔到兰州市5中担任革委会副主任,相当于中学副校长。20多岁的小姑娘,要负责文件的上传下达,公开发表讲话,难免会犯难犯怵。并且,有的老师对张李玺也不友好,总觉得她是另一个阵营的"小革命"。他们经常揪一些捣蛋学生送到张李玺办公室,让她批评教育。张李玺并不知道怎么训斥学生,常常左右为难。担任5中革委会副主任期间,张李玺不是处理打架斗殴事件,就是教育破坏公物的学生,身处领导的位置,如坐针毡。她十分怀念30中的那些老师,怀念那个环境。

　　1977年，国家恢复高考。张李玺喜出望外，决定参加考试。但报考哪所大学呢？张李玺一无所知，赶紧去请教原来30中的那几位老师。几位老师听说张李玺要报考大学，都给她加油鼓劲，还帮忙出主意。他们建议张李玺报考上海或北京的大学。而在招生简章上，张李玺只知道北京大学。当时，北大有三个专业在甘肃省招生，哲学系招3个，法律系招2个，中文系招1个。3个比1个有胜算，张李玺毫不犹豫地在第一志愿栏填上了北大哲学系。如果去不了北大，那还得学个"将来有饭吃的"专业，于是第二志愿报了东北财经大学会计专业。兰州大学就在家门口，她的第三专业报考了兰州大学中文系。张李玺填报志愿基本上是稀里糊涂的，那时的想法很简单，就是想换个环境，不想当中学老师。20多岁的张李玺并不知道，她的选择将影响未来的人生走向。

　　虽然是高中学历，但正好赶上"文化大革命"，张李玺实际上只扎扎实实念了小学六年书。加上她数学基础不好，化学、物理中学又都没学过，所以报考了文科。知道自己基础薄弱，又不想继续留在中学工作，张李玺只能拼命一搏，夜以继日地复习。功夫不负有心人，她最终以第一志愿录取的优异成绩考上了北京大学哲学系。和张李玺同时分到30中当老师的4个同学也都考上了大学。往事历历在目，回忆起当年的高考经历，张李玺说："我们都考上了大学，还得归功于30中的那几位老师。没有他们的指教和关心，我想，我们是考不上的。毕竟人总有惰性。"迫不得已考大学，而今考上了中国最著名的大学，全家人总归是高兴的。拿到录取通知书后，姥姥特地做了一桌丰盛的午餐，邀请30中的几位老师来家里吃饭，以谢恩德。

求学北大　回归兰大

　　1977年9月，张李玺坐上了开往北京的列车，经过三天三夜的长途旅行，终于抵达北京站。刚下车，张李玺灰头土脸的，肩上扛着被子，左手拎着大网兜，兜里塞着洗脸盆、暖水壶和书包，右手还提着一个大箱子。她站在原地东张西望，突然看到"北京大学迎新"的牌子，就像看到了救星。热情的师兄、师姐把张李玺送到了接新生的专车上。公交车沿着长安街一路行驶，张李玺好奇地观望着窗外的风景。当雄伟的天安门城楼第一次闪现眼前时，张李玺激动不已："啊！我终于来北京了！"北大，不再是梦。

　　张李玺分到了哲学三班，班里的同学年龄差距很大，有三十多岁的父亲，也有十七八岁的高中毕业生。老大哥们都有丰富的工作经验，经常在课堂上侃侃而谈，而小同学们啥都不懂，还常像跟屁虫一样"缠"着大哥哥。同班同学年龄参差不齐，这大概也是20世纪七八十年代中国高校的一道独特风景。

　　北大哲学系大师云集，张岱年、汤一介、朱德生、楼永烈诸位名家都是张李玺他们的老师。其实，对于老师讲的历史唯物主义、辩证唯物主义这些哲学常识，张李玺当时还是一知半解。但老师们在课堂上表现出来的渊博学识和翩翩风度，却让她十分痴迷。朱德生老师主讲西方哲学史，每次课都要拿上一打小卡片，讲一个要点翻一张，简洁而有余味。后来，朱老师的卡片在班里刮起了流行风，大家纷纷去买卡片做笔记。

　　哲学，听起来多少有些神秘，可是，要问哲学系的张李玺，学哲学是干什么的?她也不甚了解。在2012年北大哲学系举行100周年系庆时,有人再次提出这个问题。系主任王博说:"学哲学是干啥的?看看咱底下坐的人都是干啥的,学哲学就是干啥的。"参加系庆的校友们来自各行各业,有经商的、有从政的、有教书的……其实很多学哲学的同学都说不出所以然来,更何况是三十多年前的张李玺。

2012年,北大哲学系100周年系庆时的合影,前排右五为张李玺

体会过上大学的来之不易,张李玺求知若渴地学习,但凡能挤出点零花钱,就拿去买书。从《战争与和平》《红与黑》《约翰克里斯多夫》等外国名著到哲学专业书籍,她一本接一本地阅读。那时候,只要市面上有新书问世,同学们就会排队购买,而购书的队伍里总少不了张李玺。平日里,张李玺还经常去图书馆看书。到点了要去食堂吃饭,她就把书包搁在位子上,急匆匆地吃两口,再急匆匆地往图书馆奔去。记忆中,张李玺对宗教史和西方古典哲学很感兴趣,更乐意阅读与此相关的书籍。

入校第二个学期,张李玺作为党员学生被挑选去与留学生合住。刚开始,她很不愿意,觉得会失去自由,还跟老师闹情绪。但到了北大25号楼,和美国留学生安琪(Angela)住到一起,张李玺才知道,她获得了更多的自由。北大学生洗澡都得去公共澡堂,而她在留学生公寓能享用私人浴室。另外,安琪经常到全国各地旅行,张李玺独自在寝室,个人空间相对充裕。安琪当时在哲学系跟随张岱年老师学习中国古代哲学,张李玺常帮助她补习中文。在交流过程中,安琪也会教张李玺英语。于是,张李玺比其他同学多学了一门语言。在两人的交谈中,安琪告诉张李玺她有一个同居男友。这样前卫的行为,在张李玺看来,是不可思议的。

"没结婚为什么要住到一起?"张李玺问。

"没结婚为什么不能住到一起?"安琪很是不解。

"万一结不了婚,你怎么办?"张李玺替她担忧。

"我不跟他住到一起,怎么知道能不能跟他结婚?"安琪据理力争。

类似这种涉及中西方

1993年,张李玺与安琪在美国相遇。此时,安琪已是纽约大学宗教系的教授。十多年后,她们的话题仍在继续。安琪告诉张李玺,曾经的男友已经成了她的丈夫。张李玺还是很不解,安琪这样一个嬉皮士姑娘,与男友同居十多年后,为什么最终要回归家庭。安琪说,一切都是为了孩子,她准备当妈妈了。这件事引发了张李玺对美国嬉皮士一代婚姻观念的思考。回国后,她还写过一篇与此相关的文章文化差异的讨论不一而足。张李玺陪安琪住了三年，直到大四最后一个学期才搬回原来的宿舍。三年间，安琪不但帮助她掌握了一门语言，还为她打开了一扇了解西方世界的窗口。开阔眼界，成为张李玺在北大享有的特殊"福利"。

1979年北京大学话剧团合影，第二排右一为张李玺

在北大的四年是张李玺人生中最幸福的时光。在如花似玉的年月里，她真正体验了一把什么是青春的张扬，什么是年少的浪漫。每周六晚上，同学们把教室里的桌子码起来，腾出空地，一群人唱歌、跳舞，好不快乐。到了周末，他们还会成群结队地骑自行车去公园玩耍。那时候，学校的大礼堂半个月举办一次舞会，张李玺也跟着凑热闹，学跳交谊舞。除此之外，她还是学校舞蹈队、话剧团的活跃分子。在北大，她第一次听到了邓丽君的"靡靡之音"，她也是全班第一个穿高跟鞋、第一个穿掐腰衣服的女生。"穿上高跟鞋，感觉啥都不一样了，腰也直了，背也挺了，走路也精神了。那时候，有掐腰的衣服就已经很前卫了，我不敢选太艳丽的颜色，特意挑了件蓝色的，结果被我们党支部书记叫去谈话。书记话没多说，就说了句——'要注意'！"回忆起当年的情景，张李玺似乎还没脱离那股兴奋劲儿。北大的柿子林没了，三角地拆了，但所有最美好的回忆都定格在了那里。

入学时，班主任明令禁止谈恋爱。不过，还是有同学偷偷摸摸地找对象。张李玺就是其中一个。她的男朋友是她同专业、不同班的同学。当时，北大的食堂是没有凳子的，同学们都得拿着饭盆站着吃饭。不敢明目张胆地约会，他俩就趁着周六在食堂吃饭的机会"传递信号"。男朋友暗送秋波，她再回赠几眼，两个人就这样传情达意。为了制造交流的机会，他俩故意放慢吃饭的速度。待同学们走得差不多了，两人再借机搭话，说明周末相约的时间、地点。有一次，张李玺正在细嚼慢咽，旁边一位同学突然拍拍她肩膀，问："你是牙疼吗？"一句话惹得张李玺哭笑不得。

　　从哪里来，到哪里去。1982年2月①，张李玺顺利毕业，即将踏上回家的旅程。当时，她面临两个选择，要么回甘肃省委宣传部工作，要么去兰州大学哲学系教书。张李玺的男朋友留在了北京。考虑到大学有寒暑假，方便两地跑，张李玺最终选择了兰州大学。兰州大学1978年才创立哲学系，张李玺1982年2月去学校报到时，哲学系还没有毕业生。也许是机缘巧合，也许是命中注定，张李玺报到时还发生了一件有趣的事。那天，找不到路的张李玺随便问了一位路人去兰大哲学系的路线，那人问："你去哲学系干吗？"张李玺说明了来意。结果，他告诉张李玺，应该先到人事处办手续。到了人事处，人事处的老师又说，具体的安排结果还没出来。因为跟张李玺一起分配到兰大哲学系的还有山东大学的两名毕业生，她们三个可以留在哲学系，也可以选择去公共教研室。反正要等结果，无事可做的张李玺沿路逛到了哲学系。让她意想不到的是，刚才的路人竟是哲学系的系主任蔡寅。蔡主任看到张李玺，非常高兴。张李玺告

---

① 77级学生是1978年春入学的.

诉蔡主任人事处那边的答复后，蔡主任力劝她留在哲学系，并保证接下来分配的事情由他处理。正好兰大哲学系当时缺主讲西方哲学史的老师，于是，张李玺一上岗就接了这门课。上完第一堂课，张李玺听见两个学生窃窃私语："北大的学生到底是不一样啊！"她暗自高兴。西方哲学史是张李玺上大学时最热衷的专业课，加之认真备课，第一次上课效果还不错。

1982年7月，张李玺和大学时代的恋人结婚，夫妻两地分居的生活正式开启。次年，他们的女儿出生了。为了给丈夫减轻压力，张李玺把孩子留在了身边，一家人只能在寒暑假团聚。

北京—加拿大—香港—北京

1987年的一天，张李玺接到北京的调令，准备去全国妇联报到。此前一直在申请解决夫妻两地分居的困难，这次终于等到了通知，张李玺本应是喜出望外的，但她却十分郁闷。因为她并不知道全国妇联是什么部门，同事们也不清楚，有同事还建议她到居委会问问。此时，张李玺刚刚通过外语考试，准备去美国西雅图念书。同时面对几个选择，张李玺有些犹豫不决。留在兰大创系仅几年的哲学系，她还有很大的发展空间；去美国念书，未来也许会有更好的选择；而去北京工作，她可以从此告别两地奔波的生活。20世纪80年代，户口非常重要，考虑到全国妇联能解决北京市户口，张李玺犹豫再三后，最终决定优先解决户口，去北京。

到了北京，张李玺才知道，她的调动受益于1986年中共中央制定的解决知识分子两地分居问题的政策。当时，全国妇联干部学校刚刚升格为中国妇女管理干部学院，急需一股新鲜血液。学校通过全国妇联人事处，公开招聘教师。人事处要求竞聘者至少是外地大学的讲师，并且符合解决两地分居问题的条件。张李玺爱人的单位上报了一批解决两地分居的人员名单，张李玺是其中之一。经人事部审核，张李玺完全符合妇女管理干部学院的要求，就这样顺理成章地进行了工作调动。

第一次走进妇女管理干部学院，张李玺大失所望。一眼看到头的校园和一栋灰突突的小楼，怎么看都不像是一所大学。没有退路的张李玺只能留下来好好工作。报到第二个月，张李玺就被安排讲形式逻辑课。当时，学校正缺主讲形式逻辑课的老师。领导认为，张李玺是北大哲学系毕业的，哲学专业一定上过逻辑课，便安排她接手这门课。可张李玺大学之后从未深入接触过这门学科，于是只好现学现教。据说，她还是学校为数不多的上讲台的青年教师之一。

1992年，全国妇联准备选派三人到加拿大参加为期一年的培训。这项名为"培训者"的培训主要是教培训者如何当一名合格的培训老师。消息发出后，张李玺报名了。但所有报名者都必须经过资格审核——30岁以上、结过婚、五年以上工龄，并通过英语Contest考试。由于条件限定，青年教师不够格，中老年教师的英语水平有限，能进入最后关卡的教师寥寥无几。张李玺大学时与留学生合住过，她能说一口流利的英语，那次考试也发挥得不错，最终被选上了。1992年，她离开北京，到加拿大温哥华进修。

加拿大的进修项目主要讲授与培训相关的课程，课时安排并不紧张。张李玺有大量的课余时间可自由支配。既然是出国进修，就得有所收获。于是，张李玺向资助方申请，再选修几门课程。资助方欣然答应了她的请求，并在不额外提供生活费的情况下，同意报销其他几门课的费用。有了资金保障，张李玺在加拿大哥伦比亚大学选修了"妇女学导论"和"妇女与环境"两门课，后又在凯珀拉努学院进修"市场学"和"管理学"。

选修"妇女学导论"的有40人，39个女生，1个男生。上第一堂课时，老师问所有同学，为什么选这门课。全班唯一的那位男生说，他只想知道现代的女性都在想什么。他说，有一次，他在走廊里看到对面走来一位女士，于是很绅士地为女士打开门，请她先走。没想到，女士不但不感谢，反而生气地对他说："I have my own hands!（我自己有手！）"后来，他在走廊里再次遇到类似的情况时，吸取上次的教训，自顾自地开门先走，任那扇门在身后晃来晃去。结果，那位女士非常生气，冲着男生嘟囔："What happened today!（这到底是怎么了！）"两次相似的遭遇，截然不同的做法却导致了同样失败的结果。那位男生很困惑："作为男人，到底怎样做才能令女人满意？"男生讲述的故事给张李玺留下了深刻的印象。对于张李玺而言，学习"妇女学导论"很大程度上是出于好奇。她告诉老师："我是从中国来的，我们从来没有一门课叫'Introduction of Woman Studies'，我想知道这门课讲些什么。"张李玺没有想到，这样一次好奇竟引发了此后持续的热情。

"妇女与环境"这门课对张李玺的影响也很深远。结课后，老师把同学们分成几个小组，让他们在两周时间内以团队的形式做妇女与环境议题的社会调研。这种考试形式让张李玺大为惊讶。在闭卷考试盛行的中国高校，她从未参加过如此别具一格的考试。当时，张李玺到加拿大才几个月，听课和课堂表达时常遇到障碍，跟着小组成员参加社会调查，难免有些吃力。为了不给其他成员拖后腿，她竭尽全力全程参与。第一次调查，几个活跃的女生就提议去酒吧喝酒。张李玺很郁闷，因为她每个月才700加元的生活费，生活捉襟见肘，根本没有闲钱喝酒。况且，她对去酒吧调研的行为也很不解。到了酒吧，张李玺点了一杯最便宜的橙汁，和同学们围坐在一起，漫无目的地谈天说地。第二天小组讨论，大家开始畅所欲言。有同学说，去酒吧的女性比男性少，而且大多穿着暴露。也有同学说，女客会叫男服务生点酒，还故意把小费塞到服务员的短裤里，而男客必定叫女性服务，再借机把小费塞进女性的胸衣里。还有同学连酒吧里的红男绿女聊天的内容都听得一清二楚。总之，每个同学都有独到的发现。"原来还可以这样思考妇女与环境呀！"那次讨论让张李玺大开眼界。还有一次，晚上十点多，全体小组成员到大街上游荡。一群人逛来逛去，东张西望。第二天小组讨论，有同学抛出问题——亮灯的办公室在干什么呢？打扫卫生。谁在打扫卫生呢？印度籍工人。那些工人是男是女？女性居多。街上开餐馆的大多是哪里人？中国人。开出租车的是哪里人？非洲人。如此环环相扣、追根溯源，他们提出的问题也都与女性的地位、权力、健康相关。随后的这次讨论同样让张李玺受益匪浅。原来学术可以走出定义的局限，女性研究绝不是纯粹的理论架构。

如果说课堂内容开拓了张李玺的眼界，那么加拿大的教学方式给予张李玺的则是强烈的冲击。与国内老师讲课、学生听讲的授课方式截然不同，加拿大的课堂氛围十分活跃。老师有针对性地提问，学生们自由讨论，踊跃发言。在这里，课堂以学生为主体，而不是只受老师驾驭。

当然，刚到加拿大时，张李玺对这种互动式的教学方式还不甚理解。一次，导师问她："李，最近上课怎么样？"张李玺摇摇头："我觉得这里的老师太懒了，上课往讲台边一坐，拿着可乐，听我们七嘴八舌地讲。而且每次下课都会布置一大堆要预习的书，我们看都看不完。"张李玺的抱怨逗得导师哈哈大笑，他说："你们中国的老师才懒，课前备课，课堂上基本不动脑子。而我们的老师始终跟随学生的思维。老师让你们看的书，他肯定看过。通过你们的发

张李玺在加拿大学习期间的照片

言，老师能知道哪些书你们是真看懂了，哪些知识点还需要再强化，会及时点评。这是中西方课堂的差异，事实上，我们的老师更辛苦。"张李玺继续追问："可是那么多书，我们怎么可能在两次课之间看完？"导师一针见血地指出了她的缺点："那就是你学习方法的不对了。看书首先要看目录和结论，看作者的观点，时间允许再看中间的论述。这样既能把握重点，又能提高效率。"

张李玺恍然大悟。通过一年的观察、学习，张李玺深切体会到了开放式教学的优势。相较于从"教授"到"接受"的传统教学模式，西方的课堂教学更注重培养学生的思维方式和学习技能。所谓"授之以鱼不如授之以渔"，加拿大老师教会学生的是获取知识的能力，而不是知识本身。

1993年，张李玺学习期满。同行三人，最终只有她一个人兑现承诺，回到了祖国。问及为何不留在加拿大找更好的工作，她笑呵呵地说："还真没有多么高尚的想法。老公在这儿，我总不能把老公给丢了啊！"这就是率真、爽朗的张李玺。

张李玺回国时，妇女管理干部学院除了马克思主义妇女解放基本理论、中外妇女运动史外，很少有与女性学相关的课程和专题，张李玺总是在课堂上有意识地引导学生关注妇女，与他们分享加拿大学习期间的逸闻趣事。以往，学生们一到期末考试就等着老师标重点，即便平时不学习，靠抱佛脚也能拿高分。但这种考试形式在张李玺的课堂上已经行不通了。她要求学生参与课堂讨论，上交调查作业，并将其作为平时成绩按比重记入最后的期末总分。受制于大教育体系，国外的考试方式不能全部照搬，但张李玺因地制宜、间接植入。这样的课堂改革在当时的妇女管理干部学院已经是很前卫的了。

从加拿大回国后，张李玺安安心心地上了两年课。1995年，香港理工大学来内地招生，张李玺又报名参加了硕士研究生考试。看到张李玺如此上进，学校老领导很欣慰，还鼓励她："放心考吧！考上了，我们都支持你去读书。"张李玺的丈夫也很开明，逗她开心："考吧！考不上，大家都高兴。"之前去加拿大，外语考试只考口语。这次研究生考试，外语只考笔试。在加拿大学习期间，张李玺经常写作业。经过一年的集中训练，当年的弱项也练成了强项。在两次重大的考试中，她可谓优势占尽。1995年，张李玺顺利考上了香港理工大学应用社会科学系硕士研究生。

张李玺在香港求学期间与同学们的合影

攻读硕士学位时，张李玺已经是大学教授了。可教授到了香港的大学，也照样会碰钉子。开学一年后面临开题，张李玺上交的开题报告却屡次被打回来修改。她的导师何芝君并不给具体建议，而是一遍一遍地批示"where"（在哪里）和"why"（为什么）。后来，她才慢慢摸索到，参考文献一定要精确到出版年份、出版社地点和所在页码。这些严谨的学术训练在77届毕业生学习时几乎是不曾有过的。张李玺还记得，她的本科毕业论文《论休谟的宗教观》，全文只有一个注释。张李玺的开题报告调整了整整一年。直到参考文献修改成一篇规范的文章应有的样子了，导师才允许开题。何教授觉得，张李玺的论文选题新颖，可能有助于完善中国内地刚刚建立的婚姻家庭咨询理论，就建议她向系里申请直接攻读博士学位。1997年，张李玺递交了直博申请书。经过全系研究讨论，张李玺成了香港理工大学应用社会科学系第一个破格直博的学生。

博士论文开题费尽周折，毕业也遭遇不测。1998年，张李玺在香港读书期间，被学校任命为教育长，由于工作和学习的需要，她开始在香港和北京两地间奔波。2000年，张李玺从北京去香港，准备找导师商量毕业论文的最终修订事宜。途经深圳乘出租车，由于前一天的会议开到很晚，加之一路舟车劳顿，她不知不觉地打起了盹。到了目的

张李玺2002年获得香港理工大学博士学位

地，张李玺被司机叫醒，迷迷糊糊地下了车，去后备箱拿行李箱，顺手将一直抱在怀里的电脑包放在了座位上。等拉着箱子走了两步，稍稍定了定神，她才猛然一惊，一大摞研究资料和笔记本电脑全部落在了车上！张李玺说，那是她生平第一次真正体会到什么是脑子一片空白。万万没有料到会发生这样倒霉的事情，毕业论文的最后两章没有备份，电脑丢了等于近一年的心血付诸东流了。张李玺心急如焚，到派出所报案后，忍不住大哭了一场。面对无可挽回的损失，她只能打道回府，从头开始。就这样，预计2001年毕业的张李玺直到次年才拿到博士学位。抗战八年，张李玺的博士战役也打了七年之久。其中的奔波劳累、各种滋味唯有她最清楚。2008年，张李玺获得了香港理工大学应用社会科学系杰出毕业生的荣誉称号。

2008年，张李玺被香港理工大学授予优秀毕业生奖杯时的照片

女院自1996年招收第一批本科生开始，就在不断爬坡。但这一时期，女院还是一所招收普高生的成人院校。体制上的限制给学校的日常工作带来了很多困难，在其他学校不是问题的事情，在这里都需要协调解决。例如，本科生只有挨个到学校开证明，才能享受大学生火车票优惠。学校当时没有学士学位授予权，1998年张李玺任教育长后，第一件大事就是解决学生的学位颁发事宜。经过几番调查、协商，争取各方支持，中国人民大学最终同意在经审核的情况下给女院学生颁发学位证书。那几年的学生都是拿中华女子学院的毕业证和中国人民大学的学位证。遇到学生出国等事宜，学校还得出具证明，说明学位证书和毕业证书为何由两个学校颁发。那时，张李玺刚刚走上学校领导岗位，又处在读博的最后阶段，学习和工作压力巨大。时任党委书记安淑芬十分理解也很支持她的工作。为了让她尽快全面了解学校的情况，安书记带着张

李玺走访了各个教学单位和分管部门。安书记还在张李玺刚上任时专门拨款20万元，支持改善教学条件。安书记的积极相助极大地鼓舞了张李玺的积极性。

1999年，张李玺担任中华女子学院副院长，分管教学科研工作；后又接连转岗，相继分管过学校的基建、财务、保卫、后勤等行政工作。这种让每一个领导干部把学院的岗位都体验到位的"轮岗机制"，既有利于领导们把握全局、深入了解部门情况，又能培养他们换位思考的意识，以便于各部门协调配合。张李玺坦言，她从1998年开始轮流从事的管理工作对其日后统领全局起到了关键的铺垫作用。掌舵女院后，张李玺对前辈满怀感激。她常说，找对地，遇对人，才能做对事。幸运的是，她都碰到了。

从大西北的女儿到中华女子学院院长，张李玺脚踏实地地奋斗出了一条路。回归人生的起点，她始终觉得自己是个西北人。大抵是浩瀚的大漠风情滋养了她质朴、率真的个性吧！

第四章 "温柔可以改变世界"

先为女人 后为学人

　　张李玺调回北京前，女儿一直跟着她在兰州生活。一边带学生，一边带孩子，其中的辛苦是丈夫很难体会到的。半夜里换尿布，下雨天抱着孩子去看病，哄孩子睡觉后才开灯备课，对于她来说是家常便饭，她总是这样任劳任怨。

　　1987年，一家人终于团聚了。少了两地奔波的辛苦和无休止的挂念，张李玺的烦恼却增加了不少。以前在兰州大学，宿舍区和教学区只有一路之隔，而且父母还能帮把手；到了北京，孩子上幼儿园要坐五六站公交，上班就更远了，得一个多小时。张李玺要干的家务活更多了，而新工作又要投入更多的精力。她每天穿梭在妇女管理干部学院、幼儿园、商店和家之间，奔波劳累不减当年。好在丈夫对她体贴照顾，总是抽空帮忙分担家务。有时候，丈夫会在她面前洋洋得意地自夸:"你上哪儿去找我这么好的丈夫啊?帮你做这么多事。"张李玺就反驳:"家是我们共同的,你干吗说在帮我呢?"不过,对丈夫的理解,她还是很感激的。真正拥有了三口之家,张李玺在体会个中滋味的同时,也不断思考一些问题。为什么现代女性活得这样累?为什么妻子要比丈夫承担更多的家庭重担?尽管有过质疑,但她还是会竭尽所能兼顾家庭。

既要成为职业女性,又要成为贤妻良母,这不是所有的女人都能做到的。张李玺也不敢说自己做得很好。作为母亲,她甚至对女儿很愧疚。在女儿的青少年期,张李玺两次外出求学,期间孩子全靠丈夫照顾和自理。

女儿从小就很懂事。张李玺和丈夫也很注重从小培养女儿的独立意识。为了鼓励女儿干家务活,张李玺曾明码标价,干多少活儿相应给多少钱。后来,女儿把这件事写进了作文,班主任为此还找张李玺谈过话。小学二年级时,女儿不让家长送,一定要自己去学校。张李玺和丈夫详细讲解了交通规则和注意事项后,同意了孩子的要求。女儿喜欢阅读,文笔也不错,但讨厌背诵。尽管学校老师经常布置背诵课文的任务,但张李玺从不强迫女儿必须完成。她会给女儿更多的自由,让她自己决定背或者不背,自己摸索避免死记硬背的方法。张李玺和丈夫这样有意识地培养、训练,使得女儿从小就比同龄孩子更独立,更有主见。不过,自由不等于放任自流。张李玺对女儿生活方面的管教很严格。比如,在公共场合举止要得体,对人要礼貌,说话要文明,要尊重老人,不要攀比,等等。不用说教,张李玺喜欢从生活的点点滴滴中规范孩子的言行举止。她相信,让孩子从小养成好习惯,能使其终身受益。

参加高考前,女儿希望去国外念大学。张李玺和丈夫没有反对,还给了她充分的自由去选择学校。在张李玺的支持下,女儿选择了马来西亚一所和英国牛津布鲁斯大学合作办学的学校,前两年在马来西亚上学,后一年去英国留学。这样既能省学费,又不需要跨越太大的文化差异。期间,英文考试、住宿、转学等从马来西亚到英国的所有手续都是女儿自己操办的。女儿毕业时还获得了牛津布鲁斯大学金融与会计专业的二级荣誉学士学位。一向自立自强的女儿学成回国后也没有向父母求助。自己网投了一家在广州的外资企业,从事社会责任审计工作,一直工作至今。张李玺家的电视墙装饰得很别致,一排女儿从1岁到16岁和张李玺的合影吸引过很多人的眼球。从刚刚能站立的小女儿到个子比妈妈还高、亭亭玉立的大姑娘,这些照片不仅记录了女儿成长的轨迹,也写满了张李玺夫妇的"时间都去哪了"。

作为一名从事女性研究的学者,母亲的角色对张李玺的工作是大有裨益的。为人妻,为人母,张李玺才深切体会到现代女性的各种不易。而所有的亲身感受和心灵体悟又推动她更贴近女性研究的对象,深入这一学术领域。行文至此,也许有人会心生疑问,学哲学出身的张李玺是怎么走上性别研究之路的呢?

这最早可以追溯到1987年。刚到中国妇女管理干部学院不久,张李玺就被安排在每周二上形式逻辑课。当时,她住在大兴,要等到晚上才能搭上一天一趟的列车回家。"无处容身"的张李玺只好把等火车的时间打发在下午的课堂上。每周二下午,都会有一位50多岁的外校老师来讲"家庭社会学"。张李玺并不知道,讲课的老师就是大名鼎鼎的巫昌祯(江苏省句容县人。巫教授是中华人民共和国成立后中国人民大学法律专业的第一批本科毕业生,是改革开放后中国婚姻家庭法学的奠基人之一,中国法学会婚姻家庭法学研究会的创始人之一)。巫教授讲课不照本宣科,喜欢用生动的案例深入浅出地阐释抽象的理论,授课相当精彩。每堂课张李玺都听得津津有味。一学期下来,张李玺发现,妇女管理干部学院的主干课程都是与女性相关的,而她当时主讲的形式逻辑课属于基础课,是"非主流"的课。听完一学期的"家庭社会学"后,张李玺对婚姻家庭的研究产生了浓厚的兴趣。反正在女院研究康德、黑格尔是不太可能了,张李玺希望开拓一个全新的研究领域,解答心中的无数个为什么,并且她也有信心上好这门课。

不甘做"非主流",张李玺很快就在妇女运动系任教,主讲"家庭社会学"。由于这门课涉及社会学、两性关系、心理学等诸多研究领域的问题,张李玺还需要不断充电。在北大上学时,哲学和心理学都在一个系,张李玺虽然学过一些心理学常识,但教起书来并不够用。1988年,她到中国社会科学院心理所上了为期一年的心理学研究生课程班,次年又开始在学校主讲"女性心理学"课程。渐渐地,张李玺对女性研究越来越感兴趣,接着又旁听了学校老师讲授的"妇女解放理论""中国妇女运动史"等课程。一边教书,一边上学,通过不断地充实提高,张李玺逐渐打开了哲学之外的另一片天地。

1993年5月,张李玺刚刚从加拿大回国,就开始参与筹备第四次世界妇女大会。所谓趁热打铁,她在加拿大课堂上燃烧起来的热情尚未消退,学到的知识很快就有了用武之地。张李玺当时主要参与筹备的是"妇女与教育"论坛。期间,她还与妇女研究的热心人士一起开展了许多卓有成效的活动。比如,她曾和北京第二外国语学院的老师们合作调研妇女与就业的问题,并在大学里讲授与女性研究相关的课程,积极组织、参加了维护妇女权益的一些非政府组织活动。

值得一提的是,张李玺1993年回国后,还参加了一个名为"东方遇见西方"的民间论坛。每次活动,大家都会精挑细选一篇西方女权主义文章和一篇中国女性研究的短文,共同研究学习,开展讨论。当年论坛的活跃分子刘伯红、刘冬晓、王家湘、葛友俐、夏银兰、陈明侠、吴青、王心娟等诸位学者和在校大学生,如今都是国内女性学研究领域的中流砥柱。这些活动不仅为研究者提供了学习的机会,更重要的是促进了思想的交流与碰撞。

如果说张李玺初识女性研究只是机缘巧合,那么随后的延伸和拓展则源自后天的踏实、勤奋。有了家庭,当了母亲,再开拓一片有关女人的研究领地,这样的女人何尝不幸福呢?

学者的人间情怀

张李玺很欣赏韩国淑明女子大学的校训——"温柔可以改变世界"。担任院长后,她每年都要以此为题,给新生上入学第一堂课。在她看来,成功的女性有很多种,女性的成功也分不同面。无论是强悍的女人,还是柔弱的女人,都可以获得成功,都可以为改变世界尽一份绵薄之力。

由于工作关系,张李玺曾去挪威、韩国、日本、美国、加拿大等地参加过一些重要的国际会议。其中,令她印象最深刻的是两年一届的"妇女学跨学科国际大会"。每届会议上,张李玺都能看到女性研究领域最新观点的交锋。但学者们每次集中探讨的又是一些老生常谈的问题,比如,女性的就业现状、家庭与事业的冲突、家庭暴力、女性参政、女性的基本权益等。这说明,世界各国女性面临的困境大同小异,学者们对于女性的诉求也基本形成了共识。从历届会议中,张李玺得到了许多启发。她认为,作为一名女性研究学者,更应该自觉地参与行动干预,利用学术研究推动有利于女性发展、性别和谐的政策的制定。毕竟,课题研究最终是为了解决问题。

在中华女子学院性别与社会发展学院的导师名录上,张李玺同时挂职于女性学和社会工作两个专业。有人质疑,她到底是哪个领域的学者?事实上,她兼顾了两个领域。张李玺认为,女性学和社会工作并不冲突,两者甚至可以彼此渗透、相互促进。社会工作本身是自助和助人的,女院社会工作专业的研究领域、服务对象主要是女性。如何在服务女性的过程中关注女性的全面发展,如何在服务女性的过程中避免女性遭受二次伤害,如何在服务女性的过程中推动有性别意识的社会政策出台,这些都是女院的社会工作者们关心的问题。作为一门跨学科的女性学专业,社会工作可以为妇女构建相关领域的基本理论框架。只有把性别意识作为一种视角或立场植入社会工作,这一专业才能更好地服务广大女性、助推两性社会的和谐发展。

作为学者,张李玺很注重理论层面的研究。她曾经主持"女性社会学知识体系建构"的国家课题,参与完善了女性学知识体系的基本概念、构成元素、发展脉络等理论建构。与此同时,张李玺更倾向于从事解决实际问题的社会调研。她长期担任非政府组织的项目顾问，利用业余时间为这些组织出谋划策，并且带头开展有关底层女性的调研工作。在"妇女与教育"论坛筹备期间，她带领十多位学者和学生，走遍29个村庄，深入调查"农村妇女受教育状况"[①]。刚开始，小组准备用问卷的方式进行摸底调查。张李玺不认同，因为很多农村妇女是不识字的。在加拿大学习时，她了解到一种参与式的调查方式。于是，调查小组改变方案，邀请农业大学的老师参加培训，通过参与式调查，了解农村妇女的文化状况和现实处境。在那次活动中，小组成员让村里的男人和女人以"我的家"为题画一幅画。张李玺发现，女人和男人对家的理解是截然不同的。女人画的家很精细，是一个四四方方的农家小院，有门有窗，有厢房，有厨房，院子里有自留地，还有家养的猪和小鸡，画面十分整洁。而男人画的家就像一幅地图，上面有商店、村委会、汽车站、铁路，还标注了石家庄、天津、北京等地名，他的家只是小角落里的一间房子。在分析讨论的过程中，他们看到了男性、女性对"家"完全不同的理解：家是女人的全部，工工整整的一幅画，画进了女性自认为的所有角色任务，可是她的家没有大门，是一个封闭的院子；而在男人眼里，家只是他事业的一个组成部分，家和事业是不可分割的。张李玺他们从男人的画中看到了他的整个生活，从而理解了为什么男人总说他在"帮妻子"做本隶属于她们的工作。那次旨在调查农村妇女受教育状况的活动给了张李玺很大的启发，刺激她重新思考家庭之于两性关系的意义。

1997年，张李玺还承担了联合国教科文组织的课题"中国城

---

① 由福特基金会赞助的科研课题，张李玺为课题负责人.

市流动女性人口状况"的调研工作。在国企改制掀起下岗大潮时，张李玺还跟民间组织合作，调查北京市的贫困女性。有些学者可能会认为，贫困是用基尼系数衡量的。但当张李玺和课题组一起深入接触底层女性时，他们才发现现代的贫困其实更多的是一种心理感受。很多下岗女工对贫困的理解是，现在的日子不如从前，而不是无法解决温饱问题。从受助对象的角度考虑，政府挨家挨户地慰问，给每个人几百块钱，其实是治标不治本的。研究这个课题的意义就在于提出了贫困的多样性，并促使政府制定有关政策，从受助对象的实际出发，使政策行之有效，真正造福女性。

1998年，中国社会科学院一位法律研究者打伤了妻子。当妻子拍下脸上的伤口准备状告丈夫时，却被丈夫告知："你去告吧！这伤口不够法律规定的长度，告也告不赢！"果然，丈夫不够判刑的标准，那位妻子无处申冤。听说这件事后，张李玺和一些平时十分关注妇女问题的姐妹十分气愤，决定采取行动帮助那些无助的女性。早在加拿大进修时，张李玺就比较关注家庭暴力问题。在"妇女与环境"的课堂上，老师和同学们经常谈到女性的权利与身体等涉及家暴的话题。回国后，张李玺积极参与妇女热线的活动，成为妇女热线的第一批志愿者，还在《工人日报》上发表连载文章，答复读者关于妇女权益维护的问题。

张李玺和几位姐妹的倡议很快就得到了一批女性研究者和社会热心人士的积极响应。来自各行各业的女性走到了一起，筹备反家暴网络组织。一开始只有7个人，都是工作在高校、研究机构和外企的职业女性。她们一边筹措资金、组织活动，一边联络受助女性、编写培训教材，所有的事情都是利用业余时间做的。反家暴行动得到了美国、英国、瑞典、挪威、丹麦等国的资助，一大批热心人士纷纷慷慨解囊，鼎力相助。经过两年的不懈努力，国内第一家，也是唯一一家反家暴民间网络组织在北京成立。随着越来越多的热心人士和公益组织的加入，这支反家暴队伍不断发展壮大，组织机构也日益规范化。高院法官、大学教师、企业高管、社区工作者和医生纷纷为反家暴行动出谋划策。组织内部也逐渐形成了包含宣传组、调查组、政策推动组等在内的分工明确的小团队。在反家暴网络组织最强大的时候，除去集体会员，仅个人会员就达到了一百多人。

反家暴网络组织自成立之初，就不断地推进反对家庭暴力的宣传教育活动。倡导和干预，是这个组织的活动宗旨。创立者组织了全国家庭暴力状况调查，深入到试点社区培训110民警、妇联成员、居委会工作人员、医生，发放反家暴教材，宣讲维权知识，启动了多部门合作干预的模式，并在中国反对家庭暴力的进程中，发挥了极其重要的积极作用。在反家暴网络组织发起的大型活动中，有一件事曾轰动一时，影响深远。当时，东北的一个家庭主妇因长期受丈夫虐待，找了很多组织救助未果，在再次遭遇家暴时杀害了丈夫。以暴制暴，这个妻子本来是要被判死刑的。反家暴组织听说此事后，游说了国内知名的律师为其辩护，并恳请全国妇联出面帮助。多方协力合作，这个遭遇过无数次家暴的女性最终获得了减刑。通过推行一系列维护妇女权利的活动，反家暴网络组织的影响力越来越大，从国内扩大到海外。当然，作为学者带头发起的公益活动，反家暴行动最终还是要落实到学术研究领域。2004年，张李玺和刘梦以几年来的反家暴行动为研究对象，联合主编了《中国家庭暴力研究》。

为了进一步捍卫妇女人权、促进性别平等，反家暴网络组织还多次通过人大代表、政协委员和全国妇联提交了家庭暴力防治法建议稿及论证意见，希望把反家庭暴力提升到立法层面。2014年，反家暴立法终于列入2014年国家立法机关的工作计划，越来越多的地方和机构开启了反家暴的多部门合作干预模式。"给妇女一个没有暴力的世界"即将得到法律保障。

多年的努力取得了有目共睹的成果，反家暴网络组织终于完成了使命。2014年4月13日，反对家庭暴力网络及其转型——北京帆葆召开董事会扩大会议，决议结束工作。"历经十四个春夏秋冬，反家暴网络及其转型北京帆葆作为一个社会组织机构，虽然已经完成历史使命，结束工作，但反对性别暴力的事业永无止境。"（摘自反对家庭暴力网络/北京帆葆董事会发布的《反对家庭暴力网络公开信》，详见http://www.stopdv-china.org/detail.aspx?id=303696）在随后五天发布的一封公开信中，该组织如是说。作为反对家庭暴力网络的创始人和推动者之一，张李玺的关怀和行动也仍将继续。

做一个温暖的人，一直是张李玺的人生目标。而学术研究有了温度，便会积累高度，沉淀厚度。

女人不解放 男人无自由

从事女性研究，张李玺喜欢用"性别平等"取代"男女平等"。也许有人会说，根本没必要拘泥于概念的界定。但张李玺认为，"性别平等"和"男女平等"这两个概念并不一样，而代表着不同的立场和态度。"男女平等"作为一个政治口号，是被赋予了特殊意义的。但在一段特殊的时期里，它的政治含义被曲解了。很多人认为，"男女平等"就是女性要和男性一样，男人怎样，女人就能怎样；男人能办的事，女人照样能办到。这种理解及其实践忽视了两性差异。亚里士多德早在两千多年前就说过，"平等是同等人平等对待之"。平等一旦忽视差异，强调一致，男女反而就不平等了。张李玺经常被男同胞问："男人可以扛二百斤麻袋，女人能行吗？男人能轻而易举地搬煤气罐，女人可以吗？不可以，为什么要平等呢？"事实上，所谓的"男女平等"，是以男性为准则的，对女性并不公平。而"性别平等"更多的是言说一种性别关系，强调在解放女性的同时，男性也会获得解放。传统的两性关系不仅对女性不公平，也束缚了男性。从关系的角度审视性别平等，就不再拘泥于男性的标准。性别平等最终旨在建立一种平等、和谐的两性关系，追求男人和女人共同拥有的自由。

什么是妇女解放？张李玺曾在一篇题为《当选择成为可能，解放才成为可能》的文章中谈到过这个问题。当下社会，各国妇女在政治、经济和社会生活各个领域不同程度的参与，无不彰显着妇女解放运动的卓越战绩。当世界500强高层管理人员名单上再次出现女性的名字时，人们已经不再像当年菲奥莉娜担任惠普首席执行官时那样惊奇了。当代中国，妇女不仅获得了选举权、继承权、教育权、就业权等各种权利，而且越来越多的妇女进入了传统的男性领域，越来越多的精英女性登上了政界、商界、学界高层。于是，很多人会理所当然地认为，"妇女解放"在中国已经是完成时了。如果有妇女质疑这一结论，很多男性会把家庭生活中的"妻管严"现象、体育竞技中的"阴盛阳衰"现象等用作中国妇女解放已经完成的有力证据。当中国政府、妇女组织、女权主义者大声呼吁并推进性别平等时，不少男性会感到困惑——中国的妇女还想要什么？张李玺认为，中国妇女解放的速度和程度确实不可小觑，但是中国妇女的解放仍然任重道远。二十多年前《华尔街日报》上用来描述职业女性发展中的无形壁垒的"玻璃天花板" (glass ceiling)一词，随着时间的推移，不但没有被遗忘，反而成为这一研究领域的基本概念之一。"玻璃天花板"从来就没有被打破过，这道"性别之墙"依然横亘在妇女解放的征途中。很多时候，女人似乎被赋予了选择的权利，但实际上，她们却无法自由选择。女人想三过家门而不入，全身心地投入事业，却被告诫"主内"是她们的天职；女人想在家做全职太太，可先生的收入不足以供养全家；女人想素面朝天，媒体却铺天盖地地报道包装出来的美女，告诉人们"女人就该这个样子"。妇女被双重道德标准束缚、评估，在长期的社会化过程中，她们又将这些标准内化为自己的行为准则，在实质上满是制约的环境中做出所谓的自己的选择。在那篇文章的结尾处，张李玺得出了这样一个结论：平等才能自由，只有当自由选择成为可能时，才可能带来真正意义上的妇女解放。

性别关系也是一种社会关系，从性别关系审视婚姻、家庭，就会多一个分析问题的视角，会对很多看上去非常复杂的婚姻冲突、家庭矛盾有更深刻的理解。这就是张李玺的博士论文《从性别关系看中国双职工家庭的婚姻冲突》所要剖析的问题。在张李玺看来，很多婚姻冲突不只是由夫妻双方的个性差异所导致的，其实质是社会层面的两性关系的冲突。夫妻俩的兴趣爱好不同，可以在长期相处的过程中培养共同的兴趣爱好；妻子是急脾气，丈夫是慢性子，也可以通过磨合，彼此适应；或者丈夫对妻子审美疲劳，失去了兴趣，妻子也能通过更换衣服、改变发型等诸多方式，重新引起丈夫的关注。所有这些个人层面的矛盾其实都可以找到缓和的对策。但在一些家庭矛盾中，只有技巧是很难解决问题的。在家务劳动的分工问题上，夫妻双方的分歧往往很难调和。而这与"男主外，女主内"的传统性别分工模式的变化息息相关。在现代家庭中，很多身为职业女性的妻子会抱怨："下班后，我也很累，为什么他可以闲着，而我却要收拾一大摊子事儿？这不公平！"丈夫则会指责妻子蛮不讲理，因为他认为干家务活是妻子的义务。在传统的家庭中，男人在外挣钱养家，女人负责料理家务，彼此分工明确，这种关于家务劳动的争吵几乎不会发生。角色分工平衡着家庭的稳定。为什么在现代家庭，女人被解放了这么多年却仍然感觉不到自身的解放呢？20世纪50年代，基于政治和经济发展的需要，政府发出"女性走出家门干革命"的号召，中国女性从此踏入社会，被赋予了教育权、继承权、就业权等各种权利。女性似乎是获得了解放。但政府在声势浩大地推动妇女走向社会的同时，却没有号召"男性走入家庭分担家务"，没有告诉他们，家务劳动也是男人应当承担的社会责任。家务劳动并没有因为妻子分担了养家糊口的重任而被适当地分摊给男性。女性的角色变了，男性的角色没有变；女性的角色变了，社会对女性的角色期望没有变，这种变与不变之间的不平衡以及女性自我意识的产生，导致了双职工家庭婚姻冲突的产生。女性更关注平等、公平，男性更关注维护传统的分工，夫妻双方的矛盾自然而然就产生了。张李玺的博士论文是全英文的，最后被翻译成《角色期望的错位：性别平等与婚姻冲突》一书出版。在这本书中,她有一个重要的观点:婚姻冲突有时不是两个个体的冲突,而是两个性别的冲突,因此,婚姻咨询理论的建构不仅要关注个人层面的原因,更要探讨深层的社会原因。

无论是探讨婚姻中的性别关系,还是讨论社会上的男女平等,归根到底都是在探究一个问题。张李玺认为,妇女解放也是在解放男人,不解放男人,女人永远得不到解放;而女性得不到真正的解放,男人永远也不可能解放。所谓妇女解放,其实是两性的共同解放。

2013年,张李玺参加世行性别咨询委员会议

张李玺很喜欢一首名为《只要有一个女人》①的诗。谨以此诗作为本章结尾:

只要有一个女人觉得自己坚强,

因而讨厌柔弱的伪装,

定有一个男人意识到自己也有脆弱的地方,

因而不愿意再伪装坚强。

只要有一个女人讨厌再扮演幼稚无知的小姑娘,

定有一个男人想摆脱 "无所不晓"的高期望。

只要有一个女人讨厌"情绪

① 作者为南希·史密斯,由黄长奇翻译.

化女人"的定型,

定有一个男人可以自由地哭泣和表现柔情。

只要有一个女人觉得自己为儿女所累,

定有一个男人没有享受为人之父的全部滋味。

只要有一个女人得不到有意义的工作和平等的薪金,

定有一个男人不得不担起对另一个人的全部责任。

只要有一个女人想弄懂汽车的构造而得不到帮助,

定有一个男人想享受烹饪的乐趣却得不到满足。

只要有一个女人向自身的解放迈进一步,

定有一个男人发现自己也更接近自由之路。

正因为对性别研究有着浓厚的兴趣和一定的成就,张李玺受邀出席了联合国第47届妇女地位委员会,并以"给妇女一个没有暴力的世界"为题做了大会发言。2013年,她又被聘为世界银行性别咨询委员会委员,并长期担任一些NGO组织的顾问。在性别研究领域,张李玺更愿意被称作一个性别平等的推动者和行动主义者。

第五章　一生一世张老师

三尺讲台，她的挚爱

1987年调到中国妇女管理干部学院后，张李玺从主讲形式逻辑课开始，逐步拓展到其他领域。迄今，她已经讲授了家庭社会学、妇女心理学、社会科学研究方法、妇女社会工作、女性学等八九门课程。期间，除去出国进修、赴港读博那几年，她一直在上课。

张李玺说，她对讲台有一种说不清、道不明的感觉。一上讲台，她就亢奋。当然，张李玺也很有信心，她能在驾驭课堂的同时，让学生们享受她的课。每学期，学生对开课教师无记名评分，张李玺总会得到好评。怎样才能成为一位能讲好课的好老师呢？张李玺认为，教书不但要投入感情，还得肯下功夫。作为教师，在认真备课之余，也要学会换位思考，因材施教。比如，学生群体不同，授课方式就会截然不同。张李玺给资深干部讲过课，也给本科生和研究生讲过课。领导干部见多识广，但大多没有时间看书，缺乏学术训练。所以，张李玺会侧重于系统化地讲授知识点，重点攻克学术术语，使其学会提炼观点、归纳问题。而给大学生授课时，她会启发他们发现问题、寻找答案，刻意培养学生善于思考、自主学习的能力。即便是给大一新生和大四毕业生讲同一门课，张李玺也绝不会复制课堂，使用同一个教案。从1982年初登上大学讲台迄今，张李玺从教三十多年来几乎没有在晚上12点前休息过。除去写论文、做科研外，她的很多时间都是用来备课的。为了写一份切实、生动的教案，她不但要提前搜集很多资料，补充最新的知识点，还得绞尽脑汁、透彻地分析每一个案例。可以说，她的每一堂课都是精心准备、用心思考过的。

张李玺是中华女子学院社会工作系的第一任系主任，也是创校以来的第一位教学名师。除了尽心尽力讲好课外，她还积极参与一

2008年，张李玺参加学生金像奖颁奖典礼

线的课程建设。在创立特色专业、专业特色的过程中，她组织刘梦、矫杨 、杨静、齐小玉等几位社会工作系的资深教师一起录制课程、编写教材、修改讲义。几位老师齐心协力，最终将"妇女社会工作"这门课打造成了精品课。她们主编的教材《妇女社会工作》（高等教育出版社出版），也成为教育部十二五规划教材。

在加拿大进修时，张李玺曾参加过一次口语面试。考官问她："你为什么喜欢当老师？"她说："第一，这份职业让我永远年轻；第二，我可以永无止境地学习下去；第三，我每年能享受两个假期，可以自由安排时间。"几个理由，几乎脱口而出。因为热爱教师这个职业，才会全身心地投入教书育人这项事业。在张李玺长达三十多年的教师生涯中，她最少一周上四节课；当上院长后，还坚持给本科生上课，对于讲台，她有一种不可名状的爱恋和牵挂。

当校长的老师

张李玺担任院长后，学生们还是习惯于称她为"张老师"。因为在学生们眼里，老师的职位变了，平易近人的形象永远不变。

张李玺常说，跟学生交往，一定要将心比心。作为老师，只有诚心诚意地尊重学生、关心学生、帮助学生，学生才可能视师若友，跟老师推心置腹地对话。从2012年开始，女院每个月都会定期举办一次"校长有约"座谈会，随机挑选十多名学生和校领导面对面交谈。无论多忙，只要轮到张李玺，她都会准时赴约。如果遇到公务出差，也会延期补上。第一次"校长有约"就令张李玺大为惊讶，同学们不但踊跃报名，会上的讨论也相当激烈。有同学跟她谈未来的人生规划，有同学给她提供关于图书馆的应用建议，有同学和她讨论女院的发展前景，也有同学探问她的婚姻家庭。那次"校长有约"，张李玺和学生们相谈甚欢。随后的每次座谈会，她也都能听到各种各样的声音，帮助解答大大小小的问题。

面对面，心贴心，有时候，学生们还会跟她分享个人秘密。一个女生告诉张李玺，她同时交往了两个男朋友，正为难以取舍而苦恼。没有责怪女生"脚踏两只船"，张李玺耐心地听完她的讲述后，让她找来两张白纸："你把张三和李四的优点写下来，再把他俩的缺点写下来，然后对比看看，张三、李四的哪个缺点是可以容忍的，哪个优点是可以忽略的，哪个优点是你最欣赏的。最后根据你的划分，筛选一个最合适的。"那个女生在张李玺的指导下，写写画画，最终找到了"答案"。还有一个女生跟张李玺倾诉，她的弟弟妹妹都考上了大学，她决定休学打工供他们念书。了解这个女生的家庭情况后，张李玺安慰她放下思想包袱，建议她申请助学贷款，并承诺帮她申请一个助学岗位。事实上，张李玺做的远不止这些。她连

2012年，张李玺与孤儿学生共进午餐

续几年为这名女生提供生活费，还鼓励她继续念书。后来，这名女生考上了研究生，还建立了一个幸福美满的家庭。直到现在，张李玺和她还保持着亦师亦友的关系。

和学生们交往，张李玺收获了很多温馨的回忆。但有时候，也会遇到一些棘手的问题。有一次，学生们对学校的实验室等硬件设施不满意，强烈要求和院长交涉。担心学生们为难张李玺，老师们建议她回避。但张李玺执意要跟学生们直接对话，她说："我不去，谁去！这时候最应该出面的是我。"那次对话，她平心静气地听完了所有学生代表的诉求。遇到尖锐的提问，她也没有回避。对于身为院长的过失，她诚恳道歉，并承诺尽快解决一些能力范围内的问题。对于某些无理要求，张李玺跟学生们详细解释了现阶段学校的困境，并恳请她们理解。事实证明，降低姿态的平等对话要比强硬的"镇压"行之有效。还有一次，张李玺给全校新生做讲座，到了提问环节，一个学生问："校长，您好！我最近在网上看到人家说中华女子学院是北航的家属院、清华的后花园，您对此有什么看法？"话音未落，台下的学生瞬间炸开了锅。所有人都等着看张李玺的"好戏"，结果，张李玺说了句："元芳，你怎么看？"顿时，台下一片哄堂大笑。面对这个突如其来的问题，张李玺是没有任何心理准备的，也不知道如何是好。她不可能认同这种说法，但生气、责怪那些人胡说八道也无济于事。于是，她急中生智，借用了这句时髦的玩笑话。

张李玺表面上大大咧咧，其实是个心思细腻、容易操心的人。学校食堂每次承包，她都要带着分管后勤的副院长和承包商会谈，让他们准备饭菜时更多地考虑女生的需要。"女孩子喜欢吃零食，你们不妨把烤白薯、煮玉米、冰糖葫芦、麻辣烫这些小吃准备齐全点。另外,女生饭量小,还可以做些分量小点的馒头……"事无巨细,把所有的事情都交代完了,张李玺才放心。考虑到北京的夏天一年比一年热,张李玺在学校经费异常紧张的情况下,下定决心筹备三百多万元,给每个学生寝室都安装了空调。身为院长,她更关注细节,更在乎学生们的感受。

2010年,张李玺参加学生的毕业典礼

当然,她也很乐于帮助学生。一个学生一学期有六七门课挂科,补考了还不过。学生着急,老师着急,家长更着急。学生家长来到学校,直接推开了校长办公室的门,想看看有什么办法。张李玺听老师说:"实在拿这孩子没办法,一上课就睡觉,凭她的课堂表现就不及格。"听完情况后,张李玺主动约这个学生谈话。通过几次谈话,张李玺发现这孩子酷爱阅读,思想活跃,并不是所谓的差生。但她一直不适应宿舍的集体生活,一到晚上就兴奋。先后跟系主任、心理系老师沟通后,张李玺最后认定她遇到了睡眠障碍。如果能调理身心，改变作息，不至于学习跟不上。于是，张李玺亲自打电话给孩子的母亲，语重心长地说："您的孩子患上的是心理疾病，我们要一起应对这个问题，要么休学治疗，要么学校同意您到学校附近租个房子，带着孩子慢慢调理。"孩子的母亲选择了后一个方案，来北京陪女儿一起调整作息。后来，这个学生逐渐摆脱了睡眠障碍，顺利完成了学业。还有一个学生，肾功能严重衰竭，但家长坚决不同意让她休学回家。张李玺听说情况后，找学生家长谈话。问及为什么不回家治病时，家长才吐露了实情。原来，让孩子留在北京是为了报销医药费。张李玺觉得，为了省钱就这样耗下去，不仅会影响学习，也会耽误治疗。于是，她跟学生处和财务处的老师商量，从贫困学生奖助学金里抽调一部分资金，专门用来资助这名学生回家治病。一年多后，这名学生不幸去世了。临终前，她申请捐献了器官。爱是可以无限传递的。在女院，像张李玺这样热心帮助学生的老师不在少数。有一年新生军训，社工系的一个学生突然晕倒了，被检查出极度贫血。老师们去看望她时才知道晕倒是由严重的营养不良导致的。这名女生家里有三个妹妹，为了节省开支，给家里减轻点负担，她每次都等到同学们吃完饭再去食堂买几个馒头，喝一碗免费汤。知道女生困窘的家境后，社工系的几位老师争相资助这个女生。最后，四位老师平摊了女生每个月的生活费，一直到她大学毕业。这个女生也很争气，不但托福考了全校最高分，还考上了北师大的研究生。其实，帮助学生的事情在女院还有很多。有的教授默默资助学生，学生到毕业也不知道是哪位老师；有的学生回家没有路费，老师掏钱给买车票；学生得了白血病，全校师生募捐；汶川地震后，学校教师第一时间赶赴灾区，加入志愿者的队伍。"至爱"精神在女院深深扎根，温暖传递。学校多次荣获首都和全国精神文明单位、慈善奖、志愿者先进单位等各种荣誉。在老师的感召下，学生志愿者们也经常活跃在农村、社区，为广大老百姓服务。

如果帮助和关爱能改变一个学生的命运，那么付出再多也在所不辞。无论是和学生平等相处、坦诚相待，还是对学生及时相助、慷慨解囊，张李玺的付出都源自对教师这份职业的热爱和内心深处满满的爱。

最引以为傲的是学生

在一次专访中，张李玺曾这样阐释女院坚持不懈的育人理想："以社交、礼仪、仪态为主要修炼目标的淑女不是我们的培养目标。我们要培养的是德智体美劳全面发展的女性人才，培养的是具有自尊、自信、自立、自强的'四自'精神的女性，培养的是有公益心、有公益意识的女性。我们提倡的校风是崇德、至爱、博学、尚美。崇德是新时代的大学生应该具有的高尚的道德品质；至爱是有爱心、有大爱；博学是指现代大学

2007年，党的十七大召开。张李玺与同为代表的学生相会

生应有宽广的知识面；尚美是要求学生追求内在美与外在美的完美结合。"①

这样知性、高雅的女性在哪里呢？在奥运会颁奖典礼现场，在国庆60周年大阅兵的方队里。2008年，北京主办第29届奥林匹克运动会。作为主体育场，鸟巢将举行奥运会、残奥会开闭幕式，田径比赛及足球比赛决赛等共计四百多场赛事及颁奖仪式。为了训练一支端庄、大方的礼仪志愿者团队，组委会按照严格的身材比例标准，在全国高校挑选了一批女大学生进行培训。所有的候选礼仪小姐每天都要经历魔鬼式训练，早晨五点半起床，安排化妆，然后穿上5厘米的高跟鞋，逐一练习形体、站姿、行走、托盘和转身。仅站姿一项就令很多女生难以承受。她们得脚踩高跟鞋，头顶一本书，手捧30斤重的奖杯，两腿间还要夹一张白纸，就这样一动不动地站上一个小时。每天高强度的训练，不是所有的女生都能坚持住的。经过一段时间的观察，组委会发现，来自中华女子学院的女生精神气质格外不同。训练时，她们追求动作的最标准、最完美；中场休息时，一群女孩子还相互鼓励，气氛友好而活跃。经过严格考核，组委会最终把光荣的颁奖任务交给了女院这个团队，交给了26名英姿飒爽的女生。众望所归，她们服务的四百多场颁奖典礼，毫无差错。在2009年国庆60周年阅兵式上，北京各行各业的女性组建了唯一一支参阅的民兵方队。方队中有7名女大学生代表，其中有6名来自中华女子学院，两名排头兵均为女院学子。据说，训练的最后关头，有个同学的腿踢成骨裂了。方队本来打算替换掉她，但这位同

---

① 张平.培养有韧劲儿的"四自"女性人才——访中华女子学院院长张李玺[N].
中国社会科学报，2010-9-14(15).

学坚决不离开队伍，绑上夹板继续坚持。国庆当天，当一身红装的女民兵方队经过天安门城楼时，顾秀莲大姐情不自禁地跟身边的领导们介绍："看！那两个排头兵就是我们女子学院的！"其实，让顾秀莲大姐感到自豪的不只是两位英姿飒爽的女院学子，更是她们所代表的全体女院人。

2009年，张李玺及诸位校领导、老师欢迎女民兵方队阅兵同学凯旋

　　男生缺席的女子学院让女生获得了更多锻炼的机会。毕业于美国女子学院的希拉里曾经说过："正是在女生云集的女院，我得到了更多的机会，收获了更多的自信。"张李玺也认为，生活在女院，女生们更能够锻炼自己，更容易学会自尊、自信、自立、自强，更懂得自力更生、自食其力。女院管理学院人力资源专业的一个女生应聘到一家公司前台的职位后，跟她的班主任说："老师，您放心，我一定会从前台干到老板台的。"脚踏实地地从基层做起，始终怀揣勇攀高峰的雄心，这就是女院学子的自强与自信。有一年，社工

系的两名女生去应聘工作,面对的竞争对手都是一些名校的高材生。面试时,主考官让A女生评价B女生,A详述了B身上的各种优点。同样的问题问及B时,B也毫不吝惜自己的赞美之词。她们的回答令主考官很感动,他说:"我从来没见过这样的学生,竞争如此激烈,还能彼此表扬,相互鼓励。"那次招聘本来只录取1人,但面试团队临时决定破格录取了女院的两位女生。女院女生的可爱正像用人单位说的那样:"女院的学生少了几分矜持,多了几分大方,她们团队精神强,踏实肯干,吃苦耐劳。"

2009年,张李玺在国庆观礼台上

"自己动手,丰衣足食。"为了培养学生的实践能力和自强意识,学校成立了"女大学生创业与就业实践教学中心""女大学生创业实践基地"和各种各样的工作室,鼓励学生靠劳动改变命运。在艺术工作室里,一件成本十几元的普通T恤,点缀上个性十足的图案、字样后,价格马上翻了几番;一双简单的帆布鞋,经过手工刺绣、卡通描绘,就变成了世上独一无二的鞋,当然,"身价"也会大幅上涨。每每看到心灵手巧的学生,张李玺就忍不住乐在嘴上,甜在心里。

张李玺很喜欢龙应台写在《孩子,你慢慢走》里的一段话:"还在读书的大学生必须明白,不是每一个人都能成为科学家、文学家等大名鼎鼎的人,不是每个人都能成为太阳星星月亮。那么,不能发巨大光亮的人,可不可以心里想着'只做一支蜡烛也好',照亮身边的一圈人,照亮身边这个社会的角落,我认为这样就是一个非常非常远大的志向。"把蜡烛比作一份职业,这职业也许是乡村教师,也许是贫困村村官,也许是山区邮递员……看似微不足道的工作也能发出温暖的光。张李玺常这样教育学生,鼓励他们毕业后扎根基层,服务百姓。为了鼓励更多的学生服务农村,学校每年都会将北京市"村官"计划的具体政策、相关程序等通过毕业生就业信息网、公告栏、广播等渠道做全校宣传;学校还专门召开"青春在基层闪光"主题报告会,请往届的大学生村官和支教学生回母校做动员讲座。经过全校范围的动员教育,女院每年都有百分之十几的学生选择去农村发光发热。

在所有扎根基层的女院人中,有一个响亮的名字——张小珊。2011年,张小珊不顾家人的反对,前往北京通州区最偏远、最杂乱的大耕垡村担任党支部书记助理。分配到干群关系最差的村子,张小珊难免失落。可她不愿当逃兵,不想轻言放弃。大学里,她学的是学前教育。结合自己的专业特点,她在大耕垡村创办儿童学习乐园,开展亲子活动,还先后开办了数学、英语、计算机等兴趣班,有效地丰富了孩子们的课余生活。为了让村里的妇女有一技之长，增加各家各户的收入，张小珊随后又开办了布艺工作坊，为热爱手工的村民提供丝网花制作技术培训。在一次大学生村官培训中，张小珊偶然听说了全国购物节及精品展销会的消息。她下定决心申请一个展位，把大耕垡村的丝网花推向更广阔的市场。此时，离展销会开展只剩一个月了。张小珊白天在处理公务之余，还得抽空坐车去城里采购原料，晚上再加班加点地制作丝网花。那段时间，她经常熬到凌晨两三点。展销会上，张小珊凭借自己一手制作出来的展品拿到了第一笔订单。随后，她在全乡范围内开展了50期"丝网花制作及插花"培训班，覆盖了23个村子，大耕垡村的丝网花制作越来越有名。"三年里，白天的她是大学生村官，要组织材料，协调村内关系；晚上的她则是工艺品设计师，要在工作室设计新产品，了解市场需求。从人员培训、组织制作、联系订货商、卖出产品，再到把收益分发给参与的村民，张小珊的所有精力几乎都被占用了。"[①]令她感到欣慰的是，大耕垡村的村民收入提高了，村里的人际关系也改善了许多。2014年，张小珊被评为通州区最有影响力的大学生村官，后又成为北京市第十三届妇女代表大会最年轻的代表。其实，在女院，像张小珊这样的学生还有很多。虽然不能叫出所有人的名字，但她们所有人都是张李玺的骄傲。

2014年7月，张小珊和大耕垡村村支书一道回母校赠送锦旗，顺便去院长办公室探望老师。可是，她没有找到老师。原来，几个月前，张李玺罹患乳腺癌，尚在医院接受治疗。未能亲自表达感谢，

---

① 张楚.张小珊: 当村官让我找到第二故乡[N].中国青年报,2014-7-7(12).

张小珊给张李玺发了一条短信:"衷心地感谢您!您是我见过的最有气质、最有知识、最有领导魅力的校长,我给您做了一盆花开富贵牡丹花,今天放您办公室了,并祝您早日康复!"那盆牡丹花还在院长办公室里默默等待她的主人。临近退休,也许张李玺不会再回到那间办公室,但她一定会回归讲台。"校长可以不当,课不能不讲。"病中的张李玺笑着说。

尾　声

　　有一种情怀，叫育人；有一种热爱，叫教育；有一种事业，叫妇女高等教育；有一种人生，叫奉献与追求。

　　或许可以说，回春茹校长的故事让人们感受着"木棉"般的芬芳，张李玺校长的故事让人们感受着如"兰"的馨香，两位女校长作为不同年代的人有着不同的时代印记，同时，亲和平易又是她们共同的风格，自强不息、坚韧担当又是她们共同的特质。回春茹、张李玺两位女校长经由各自不平凡的奋斗轨迹，共同投身于中国女子大学的事业中，前后相继，担负起国家女子高等学府跨世纪发展的重任。一位白手起家、高瞻远瞩，政治方向、团队精神、核心价值、文化品位四轮驱动，超常规发展；一位继往开来、开拓创新，构建起女院可持续发展生命线。历经近二十载寒暑更迭，她们共同谱写出了中华女子学院跨世纪发展的华彩篇章。

　　从数十位教师、四五个专业，到几百位教师、几十个专业、数千名在校生，从社会少有知晓，甚至还有种种不理解，到国内外知名，毕业生成为抢手人才，从高等教育界的一只雏燕，到展翅高飞的凤凰，两位女校长锲而不舍，迎难而上，科学发展，奋勇拼搏。她们厚德载物，以高超的女性领导与管理智慧，带领女院人不断深化改革、开拓创新，在跨世纪的挑战中走出了一条独具特色的女性人才培养模式之路，筑造起一座托起千万女性成才梦想的国家高等学府。

当中国大学校长不同于当外国大学校长，当中国女子大学的校长不同于当一般中国大学的校长，这是一个崭新的领域，这是一个开拓的领域！回春茹、张李玺两位中国女子大学的校长，以智慧探索了女性人才的教育规律，以实践诠释了"和谐发展"的女性管理之道，以行动塑造了"妇女能顶半边天"的东方女性新形象。孜孜以求、勤以修身、大爱无疆，是她们成就事业、成就人生的"密码"。回春茹、张李玺两位女校长的智慧与汗水，融会在大写的"女院人"三个字中，蕴含在熠熠生辉、不断传承的"女院精神"中。

女子学院建立之初，社会上有不少的疑问。两位女校长也被人问过："为什么要有女子学院？"有一种意见说："在五四时期我们就提出了拆除女校和男校的围墙，你们为什么把它们给分开了？"对于两位女校长来说，办女子大学是历史所赋予的使命。它与男女教育对象的生理、心理差异有关，更是妇女问题的历史社会存在决定了妇女教育的特殊性。两位女校长近二十载求索奋斗，带领女子学院走出独具特色的女性人才培养模式之路，交出了优秀答卷。那些在女院学习、生活、成长的学子，对这个问题有响亮的回答，她们表示："我们很荣幸能够在人生的某个阶段，生活在这样的一个环境中！这是我们人生中很宝贵的一种财富和独特的经历！"教育具有多样性，也需要多样性，女子学院为高等教育的百花园增添了多样的色彩，增加了生机与活力。

今天，中华女子学院正以矫健的身姿行进在新的征程中。

人生如一条奔腾不息的河流。现在，回春茹在老年教育的事业里，继续开拓进取，为社会贡献智慧和光热；张李玺走下校长岗位后，在妇女与性别研究、妇女教育的天地里，为师为学，继续发挥聪明才智，贡献新的力量。她们继续以真心、真情与家国大爱创造着也领略着新的风景……

附　录

回春茹、张李玺文章与演讲选辑

一把手的一二三四五

回春茹

一个单位能不能办好、事业能不能兴旺发达，与多方面因素有关。在诸多因素之中，领导班子是关键性的因素，而领导班子中的一把手又占有特殊的、重要的位置。因此，正确认识一把手的责任及其在领导班子中的地位与作用、努力提高一把手自身的素养，对于加强领导班子建设、增强领导班子的凝聚力和战斗力、更好地完成领导任务，具有十分重要的意义。

一把手要完成好自己肩负的历史使命，应该在下述五个问题上下功夫，不断提高领导水平。

一、一个基本思想：为官一任，造福一方

一把手是一个单位的主要领导，一把手在工作上用什么样的标准来要求自己、在任期间给自己确定什么样的奋斗目标，对单位的发展具有十分重要的意义。

　　由于单位性质及社会环境不同，各个单位的一把手在自己任期内的具体奋斗目标也不相同，但是有一点应该是共同的，那就是确定目标的基本指导思想，即"为官一任，造福一方"。我们是社会主义国家，作为单位的一把手，为人民造福、为国家和党的事业的兴旺而奋斗，是我们的宗旨。

　　"为官一任，造福一方"的内容极为丰富，其基本点包括如下几个方面：

　　一是在事业上有所成就，造福于社会、造福于国家、造福于人民。倘若你是搞教育的，你就应该领导教职员工培养出高质量的人才；倘若你是办企业的，你就应该领导职工生产出满足社会需要的高质量的产品；倘若你是科技战线的领导，你就应该领导科技人员搞好科技攻关，研究出新的科技成果为社会服务、推动生产力的发展。总之，各行各业的各个单位都有自己的事业，取得的事业成就是造福于社会的重要标志。

　　二是创造优美和谐的小环境，造福于单位群众。人的生活包括物质生活和精神生活两方面，随着社会的进步和人类的发展，人类的精神生活越来越重要。创造和谐优美、团结友善，彼此相互理解、相互关心、相互帮助的环境，是人们愉快生活的重要条件，也是高尚精神生活的重要内容。因此，领导者要为创造和谐优美的环境而积极奋斗，大力宣传和提倡高尚的道德情操，积极倡导"真善美"，对于"假恶丑"的现象坚决予以清除，扬善抑恶、扶正祛邪。和谐优美的环境既是人们高尚精神生活的需要，也是人们从事创造性劳动的需要。人的精神愉快了，积极性、创造性才能充分发挥，人才能更好地工作，服务于社会、造福于人类。

三是全面关心自己的下属。下属生活上有了困难，应该主动予以关心，能帮助解决的，尽力帮助解决，一时解决不了的，也要说明情况，给予精神上的宽慰；下属思想上有问题、同事间有矛盾，要进行开导，帮他们实事求是地分析情况，解除精神上的负担，使他们精神、畅快地生活和工作；下属生病了，要及时前去看望；下属的家庭有喜事，要主动前去祝贺，这对于增加喜庆气氛很有益处。总之，一把手时时处处想着关心下属，下属就会觉得在其手下工作是一种享受，即便工作再苦再累，也会感到很幸福。愉快的精神生活是人类最宝贵的财富，是人类最高级的享受，一把手应该着力创造良好的工作环境。

二、两重身份：既是一把手，又是普通一员

为一把手者，有时不要忘记自己是一把手，有时也不应忘记自己是普通的一员。

（一）在下列情况中，不可忘记自己是一把手

一是承担责任时不可忘记自己是一把手。一把手对单位的工作负有全面的责任。因此，一把手必须有高度的事业心和强烈的责任感，时刻想着自己对单位工作的好坏负主要责任，倘若掉以轻心、马虎大意，就会给工作造成损失。

二是在工作的主动性上不可忘记自己是一把手。一把手是单位主要的当家人。要当好这个家，就要积极主动地去思考使这个"家"兴旺的主意和办法。这就要求一把手积极主动地深入实际，全面了解单位的情况，虚心听取建设性意见，认真思索如何管理好单位，万不可推着干、干着看，当一日和尚撞一日钟。

三是在工作的全面性上不可忘记自己是一把手。一把手对单位的工作全面负责，因此，应全面考虑和安排单位的工作。单位在一个时期内有几项工作，分别由哪几位领导来主抓，每项工作要达到的目标是什么，进行到了何种程度，有什么困难，工作中有什么创造性的业绩，几项工作中最关键的工作是什么，最棘手的问题是什么……对于这些问题，一把手都应该做到心中有数，以便进行最有效的指导和激励，推动工作胜利完成。

四是在工作的标准上不可忘记自己是一把手。一个单位的工作水准是高标准还是一般化，这与一把手的要求直接相关。如果在工作上一把手对自己、对下属都是高标准、严要求，那么这个单位的工作就可能做得很出色。倘若一把手自己的工作马马虎虎，对下属的要求也不严格，没达标也不做严肃的批评，久而久之，各个部门的工作水准就会越来越低，这样单位的工作就会每况愈下，甚而弄得不可收拾。

五是在突破工作的重点、难点上不要忘记自己是一把手。在一个时期中，单位工作中一定会有重点、难点。一把手应该知难而进，将主要精力放在重点、难点上，抓住了重点便抓住了关键，突破了难点就会给全局以积极影响。一把手用主要精力抓重点、难点，群众还会对他产生信赖感、崇拜感，一把手也就树立了自身的威信。

六是在决策工作上不要忘记自己是一把手。领导班子要经常对单位的各项工作进行决策。做决策时，一把手一定要先认真听取有关同志的意见，让各种意见充分发表后再进行决策，不可过早地表达自己的意见，不可做随意性发言。一把手的随意性发言往往会给班子其他成员的发言造成消极影响，从而影响决策的科学化、民主化。

七是在理顺各种关系上不要忘记自己是一把手。一把手在理顺单位内部各种关系上起着关键作用。一个单位要发展，理顺各种关系至关重要。就其内部来说，有部门与部门之间的关系，有上下级之间的关系，有领导与群众之间的关系，也有群众与群众之间的关系。就外部关系来说，有与上级单位之间的关系，有与兄弟单位之间的关系，还有广泛的社会关系。在理顺这些关系的过程中，一把手占据着特殊的、重要的位置。

八是在全面关心每一位职工上不可忘记自己是一把手。一个单位由各种工作人员组成，每一项工作都是不可缺少的有机组成部分。职工只有分工不同，没有贵贱之分。因此，一把手应该关心每一位职工。

九是在表率作用上不可忘记自己是一把手。一把手应该做廉洁奉公的表率、勤奋工作的表率、遵纪守法的表率、努力学习的表率、执行决议的表率、守时守信的表率、团结友爱的表率、实事求是的表率。一把手只有起到上述表率作用，才有可能带出一支过硬的队伍，才有可能在群众中树立良好的形象。说话有人听，指挥才能灵，否则讲得再动听，群众也不会买账。工作失去了基础，结果是可想而知的。

十是工作出现失误时不要忘记自己是一把手。工作出现失误时，一把手应该主动去承担责任。在分析原因时，除查找客观原因外，更为重要的是从自己身上查找主观原因。不要过多地去责怪自己的下属，但应在自己主动承担责任的情况下，积极帮助下属分析失误的原因，帮助下属提高认识，对于玩忽职守者也要提出严肃的批评。

（二）在下述情况中，一把手也是普通的一员

一是在与下属和副手研讨问题时，应该放下一把手的架子，把自己同参加讨论的同志放在平等的地位上，不要因为副手、下属发表了不同的意见，就觉得自己面子受损。谁的意见正确就应该照谁说的办。一把手应该有坚持真理、改正错误的胸怀。

二是在领导班子就某些重要问题进行表决时，一把手也是普通的一员。一个单位中，有一些重要问题需要在比较充分的民主讨论的基础上，通过表决的方式最后形成决议，如组织发展、单位发展、评先选优、分配住房、评定职称、提职晋升等。此时，一把手也只有一票。对于上述问题，切不可独断专行。

三是在福利待遇上也应该把自己当作普通的一员。除了因工作需要而由上级明确规定的待遇外，一把手都应该享受与普通群众一样的待遇。万不可利用职权和地位搞特殊化。

四是在人格自尊上一把手也是普通的一员。一把手不可因受到下属的顶撞就"龙颜"大怒，失去心态平衡，失去理智，只顾去想面子受损，不去思索被顶撞的原因，不去思考说服下属的办法。一把手也不可在交往中摆出架子让别人对自己毕恭毕敬。在日常的交往中，一把手遇到比自己年长的人应主动先打招呼问候，见到同龄人也是先打招呼为好，即使是遇到后辈，也应该以同事之礼相待，报以热情。

五是工作之余一把手也应是普通一员。工作、学习、娱乐、休息构成人们五彩缤纷的生活，一把手也不例外。在工作、学习之余，一把手应尽量以普通一员的身份同下属一起活动，在活动中与下属增进了解、加深友谊、融洽关系，万不可端着架子，让群众对自己敬而远之。

三、三种艺术：用人、用权、激励

领导艺术对一把手来说无疑是最为重要的。领导艺术内容十分丰富，主要包括：用权的艺术、用人的艺术、激励的艺术、协调的艺术、开会的艺术、语言的艺术、交往的艺术等。下面仅谈谈笔者体会较深的三个方面。

（一）用权的艺术

一把手手中握着不小的权力，但是，倘若不讲究用权的艺术，用不好手中的权力，就会影响班子团结，影响工作效果。

一把手用权要谨慎。做决策时要民主化、科学化。一个单位的重大问题，要在广泛、充分发扬民主的基础上进行集体决策，一定要让各有关方面充分发表意见，允许不同意见交锋。不同意见的出现往往是由于人们看问题的角度不同。只有从多角度去观察问题，才能发现事物的全貌；只有在思想交锋中才能逐渐了解事物的本质。

一把手在行使权力时，要特别注意不可越权、代权。一般来说，一把手都配有副手，这些副手分管着某一方面的工作。对于分管工作范围内的事，副手对一把手负责，一把手应尊重副手的意见，支持副手的工作，不可随意参与副手办的事，否则就会干扰副手的工作，影响同副手之间的关系，影响副手的工作积极性。若发现副手处理问题的纰漏，一把手应该主动同主管副手商量，沟通情况。即使一把手的意见正确，也要让副手明白为什么正确并心悦诚服地接受，之后由副手自行加以纠正。

在行使权力方面，处理好同副手的关系尤为重要。除了不可直接处理副手分管范围以内的事情,还不可越过副手,指挥副手的下属处理问题,一定要讲究指挥工作的层次和系统性,否则就会造成指挥上的混乱。一把手失去了副手的辅助,便难以应付某些局面,工作的失败也是不难预料的。

（二）用人的艺术

领导者的责任一是用人,二是出主意。在用人上,任人唯贤是一条基本原则,这也是古往今来的共同准则。然而在不同的历史时代,"贤"的具体内容是不同的。在改革开放、科学迅猛发展的今天,优秀的人才除了要坚持四项基本原则、拥护改革开放外,还必须具有开拓进取、勇于创新的精神,具有先进的科研水平或管理水平。

在用人的问题上,人才观念是一个十分重要的方面。什么样的人是人才?不同的人有不同的标准。有的人强调人才的全面性,有的人强调人才的特长性。如果把人的各种素质分为十项,有的人经过全面考察,十项素质虽无突出之处,但亦无特短之处;有的人经过全面考察,虽有不足之处,但也有特长之处。善用人者,应该大胆用有特长的人,不可求全责备,不可重用虽较全面但无特长的人,更不能用有短处的人。什么是人才?用其所长,即为人才。陈景润是世界闻名的杰出数学家,但让其当一名中学教师,则可能难以胜任。宝剑若用于疆场杀敌,则所向披靡,若用于劈柴,则不如利斧。猛虎在山林之中,八面威风,称王称霸,若用其捕鼠,则不如小猫。因此,用人一定要用有突出才能的人,根据工作的需要,用其所长。

要用人才,就要破除唯资历、学历论的思想的束缚。资历往往是经验的标志，学历往往是知识的标志，但在用人上比二者更为重要的是才能。因此，有作为的一把手应该大胆起用有才能的人。

（三）激励的艺术

激励是领导者从事领导工作的基本方法之一。激励对于一把手来说尤为重要，其有着十分丰富的内容。

1.公正评价

随着社会的发展，人们越来越注重自身的社会价值，对于知识分子来说，这一点尤其重要。早在学生时代，我就听到许多大学教授讲："我希望每个月少给我开点工资，多给我的工作成绩一些肯定。"这反映了我们的高级知识分子渴望美好精神生活的心态。对知识分子来说，人生价值的实现是其精神生活最核心的内容，而领导者对其工作的公正评价则是他们人生价值实现的重要反映形式之一。领导者评价下属工作的形式有很多，诸如让其进行工作总结、介绍经验，对他们进行表彰奖励，等等。有的评价当面讲效果好，有的评价本人不在场时讲效果更佳；有的要长谈，有的则只需三言两语；有的给予一个满意的微笑，即可达到无声胜有声的效果。运用总结、表彰等形式时，一定要恰如其分，要讲求事实，不要轻易下与事实不符的结论，要留有余地。

2.讲求物质奖励的心理效应

物质奖励是激励的一种重要形式。物质奖励对于激励职工的积极性是必要的，但是物质奖励只有转换成正向的心理效应才能起到调动积极性的作用。物质奖励的多少同心理效应的正负值和强度是不成正比的。有的人只需很少的物质奖励就会产生很强的正向心理效应；有的人即便得到了大量的物质奖励，但其产生的正向心理效应却很微弱，甚至产生负向心理效应。比如：一个工厂年末分红，工人每人分到1 000元，中层干部每人分到5 000元，工厂的领导每人分到上万元甚至数万元。工厂的领导还美其名曰：我们是领导，责任重大，应多劳多得。结果造成工人心理失衡，怨声载道。工厂花了大量资金用于奖励，但却引发了很糟糕的心理效应。

3.领导者的形象与激励的关系

领导者，特别是一把手在下属和群众心目中的形象与因激励产生的心理效应关系极为紧密。在群众心目中威望很高的领导者，不论采取何种激励方式，都会让被激励者产生很强烈的反应，起到积极作用。倘若领导者在群众心目中形象不佳，其激励的效果往往也不佳，甚至适得其反。工作中不乏这样的例证：一名威望不高的领导者表扬了谁，谁就在群体中受到孤立，弄得被表扬者很害怕受到这样的领导的表扬。因此，一把手要特别注意塑造自己在群众心目中的形象，既要有卓越的才干，又要有高尚的道德，要求下属做到的，自己一定要率先做到。

四、四种职能：主持决策、组织指挥、协调平衡、团结凝聚

要把单位领导好，一把手必须发挥好四项职能。

（一）主持决策

一把手是单位进行重大问题决策时的主持者，要发挥好主持

决策的职能，提高决策的正确性，必须做到如下几点：

一是对党和国家的路线、方针、政策有深入的研究，吃透上级精神，全面了解形势。闭目塞听、孤陋寡闻的领导者是很难做出正确的决策的。

二是深入地、全面地了解本单位的实际情况，并能和上级精神很好地结合，将本单位的实际放入大的环境中去考察。在大的环境中，对自己的工作要有超前研究，要有战略性思考，不仅有大方向，而且要有新方法。这样，才有可能带领领导班子在方向对、情况明的基础上做出正确决策。

三是要有民主作风。"三个臭皮匠，顶个诸葛亮。"一把手在主持决策时，一定要充分调动和发挥好领导班子的作用，要围绕单位全局性、战略性、方向性、关键性的大问题，引导领导班子充分发表意见，集思广益，从而形成正确的集体决策。

（二）组织指挥

一个群体，由若干元素组成，这些元素之间的结合只有符合科学的原则，才能互补，形成稳定的结构，和谐发展。倘若组织不科学，就会互相掣肘、相互抵消，产生内耗，各项工作也不能顺利开展，出现1+1<1的局面。流传已久的"一个和尚挑水吃，两个和尚抬水吃，三个和尚没水吃"的故事，从一定角度来看，就反映了组织不科学的问题。因此，一个单位只有科学地组织人力、物力、财力，才能产生良好的整体效应。

一把手发挥指挥作用，首先要站在全局的高度，围绕整体目标的实现，指挥各个部门协调工作。一把手指挥时必须注意以下几个问题：

其一，不可随心所欲，朝令夕改。整体目标一经确定，就不可轻易改动。这对一把手的意志力往往是一种考验。很多事情的成功往往都孕育在再坚持一下的努力之中。因此，领导者一旦下了决心，就万不可轻易改动，这样，下属才有可能迎难而上，为不可更改的目标而奋斗。如果整体目标朝令夕改，下属就会无所适从，更谈不上为目标的实现而奋斗了。

其二，切忌乱点"鸳鸯谱"。一把手对全局工作应做到心中有数，知道哪些事应先动，哪些事应后动。如果对于哪些事应由谁来完成心里没谱，却瞎指挥，就会弄得矛盾重重。这样的指挥很难让下属服气，不买账也是理所当然的事。

其三，不可被下属牵着鼻子走。在实施整体方案、实现整体目标的过程中，各个部门的领导或负责某一个方面工作的副手一定会提出这样或那样的问题，提出各种修改意见。对此，一把手一定要认真对待，万不可不做认真思考，不顾全局，就轻易同意下属的意见。美其名曰作风民主，实则下属说啥是啥，毫无主见，导致出现倒指挥的局面。事实上，有时下属提出的意见是从局部考虑的，但若从全局考虑，则可能是不可取的。而这种全局正是一把手才有可能掌握的。

（三）协调平衡

协调的对象包括对上关系、对下关系、对内关系、对外关系，也可以将协调分为纵向协调、横向协调。对上的协调，主要是了解上级机关的各种职能作用，积极主动地将有关情况向有关部门汇报，争取上级部门的理解、支持、指导和帮助。万不可将向上级领导和上级机关的请示汇报同溜须拍马、阿谀奉承混为一谈。弄不清上述关系、不能同上级机关和领导搞好关系，就不具备做一把手的素质。

对下的协调，主要是提供各种必要的指导和关心，满足下属精神和物质方面的各种合理需求，给下属创造一个良好的心理环境和工作环境，创造良好和谐的上下级关系。

对内协调包括领导班子内部的协调，领导班子及其成员同各个部门之间的协调，各个部门之间的协调等。

对外协调，主要是指对横向联系的协调。发展同兄弟单位的联系与合作，是促进本单位事业发展不可缺少的因素。兄弟单位的经验可供借鉴，与兄弟单位互通有无，可以弥补自身的不足。

（四）团结凝聚

团结凝聚首先表现在领导班子内部，一把手只有把领导班子紧紧地团结在自己周围，形成坚强有力的领导核心，才能肩负起领导本单位的历史责任。除了让领导班子内部团结，还必须将广大群众团结在领导班子周围，也就是说一把手还必须在群众中有号召力。

五、五种修养

早在两千多年前，儒家主要代表人物孟子就说过："天将降大任于是人也，必先苦其心志，劳其筋骨，饿其体肤，空乏其身，行拂乱其所为，所以动心忍性，增益其所不能。"孟夫子在这里讲的是担大任者必须加强锻炼、提高修养。今天，我们各个部门和单位的一把手，肩上都承担着本部门、本单位的发展重任，都是担大任者。今天的担大任者为了完成前所未有的伟大事业，更加需要不断地加强锻炼、提高修养。概括起来说，应该从如下五个方面去加强锻炼、提高修养。

（一）政治素质修养

政治素养是指政治立场、政治方向、政治观点、政治态度、政治经验等。当今世界，风云变幻，一把手必须不断地加强对马克思主义理论的研究，努力学习和研究马列主义、毛泽东思想，研究时事政治，认真地分析当前环境，要从错综复杂的现象中抓住问题的本质；必须善于思考，思考现实提出的各种重大问题。只有这样，才能在复杂的环境中保持清醒的头脑，才能把握住正确的方向，才能保持政治上的坚定性。

（二）品德素质修养

品德素质，主要是指道德情操和道德行为。一把手必须具有高尚的道德情操和良好的道德行为。一把手的道德情操和道德行为首先应该表现在清正廉洁上。自古以来，人民都将官员是否清正廉洁作为为官好坏的标志。今天，人民的民主意识大大加强、平等观念增强，因而，人民群众对特权、对腐败、对不正之风十分敏感、反应十分强烈。倘若一把手是一个贪心的人，做了贪心的事，从其副手到每一个群众都有可能效仿。一把手拿一块砖，大家就可能扒掉一幢楼，单位的腐败现象、不正之风只会愈演愈烈，一发而不可收拾。因而，一把手为官正不正、清廉不清廉，关系到一个单位的风气，关系到单位事业的兴衰乃至单位的存亡。这就要求一把手必须做到见财不起意、见色不动心、见名不动情、见功推他人，经受得住功名的诱惑，抵挡得住钱财姿色的引诱。此其一。

其二，有全心全意为人民服务的精神。领导者，是人民的公仆和勤务员。一把手，是领导者的首领，更应该成为全心全意为人民服务的榜样。全心全意为人民服务，就要凡事都为大家着想，为大家谋利益,对党负责,对国家负责,对人民群众负责,竭尽全力把大家的事情办好。

其三,要光明磊落,公道正派。对上不吹不拍,对下不欺不压;敢于坚持真理,不随波逐流,不弄虚作假;不说大话、空话;言行一致,表里如一,言必信,行必果。在班子内部,不拉帮结伙,不搞小圈子;增强民主意识,有问题摆到桌面上大家研究,对每个班子成员都应该以诚相待;光明正大,不搞阴谋,不搞小动作;要与人为善,充分调动和发挥每一个班子成员的积极性;要敢于为群众主持公道,软的不欺,硬的不怕,两袖清风,一身正气。

其四,要谦虚民主,平易近人。不要利用手中的权力要威风,专横跋扈。否则,势必脱离群众,成为孤家寡人。

(三)心理素质修养

心理素质包括知、情、意三个方面。知是指人的知觉,表现在记忆、思维、想象等心理过程中;情是指人的情感,表现在喜怒哀乐等心理过程中;意指人的意志,表现在人为了达到某种目的而自觉地支配自己的行动并战胜困难的心理过程中。一把手要努力增强自己的记忆力,要积极发展自己的思维能力,要培养自己的想象力。若一个记忆力低下、丢三落四的人做一把手,是很容易误事的。记忆力需要培养和锻炼,一把手要能下意识地分清事情的轻重缓急,条理化地记忆各种东西。不该记的东西一定不记,应该记住的东西就一定要记牢。"多思"是很多政治家、思想家的座右铭。经常将各种现象联系起来思考、综合分析,从中找出规律性的东西,久而久之,思维的敏感性、深刻性、逻辑性就会增强。良好的思维素质对一把手来说具有十分重要的意义,它是领导者及时发现问题、深刻认识问题、进行科学决策必不可少的素质。一把手在进行决策时，要善于同中求异；在处理人际关系时，要善于异中求同；在工作中要善于使用辩证思维、系统思维。

健康的情感是领导者政治思想成熟的重要标志。遇到困难，惊慌失措；遇到挫折，垂头丧气；受到委屈，心灰意冷；有了成绩，沾沾自喜等都是情感不健康的表现。这样的人不适合做一把手。一把手必须善用理智控制自己的情感。理智如同舵手，情感如同帆船，理智必须把握住风帆前进的方向，否则就会迷航，甚而触礁沉没。一把手的情感是不是健康，主要表现在他能不能在极其复杂的条件下，排除外在不良因素的刺激和干扰。一个情感健康的一把手不论遇到何种情况，都能够根据场合、对象，恰到好处地表露自己的情感。该高兴时高兴，该发火时发火，该悲伤时悲伤，但都不失态。受到强烈刺激，不暴跳如雷；受到他人夸奖，不喜形于色；碰到棘手问题，不忧心忡忡；遇到简单的事情，不掉以轻心；碰到平庸的上司，不自以为高明；见到骄傲的领导，不低三下四。健康的情感是领导者成功的命脉，对于一把手更为重要。

强大的意志力是一把手不可缺少的又一个重要的心理素质。自古以来，要干成任何一件事情，都不可能是一帆风顺的，都会遇到各种各样的困难和阻力。战胜困难，克服阻力都需要强大的意志力。对于一把手来说，强大的意志力尤为重要。一般来说，在某项工作中碰到困难时，一些下属往往就会提出各种问题，以求修改原定的目标，降低标准。此时，一把手若缺乏强大的意志力，做出退让的决定，则无论何事都不可能出色、圆满地完成。只有一把手坚定不移，下属才有可能从中获得战胜困难的勇气和力量，增强取得胜利的信心。目标的确定，不可轻率，但一经确定，就要坚决完成，不达目的，决不罢休。一把手的意志锻炼，要从善始善终地完成好每一件任务做起，要抓住时机，有意识地磨炼自己。

（四）知识素质修养

一把手担负着领导全面工作的任务，应该对自己所负责的范围内的各方面知识有一定的了解，否则，便不能进行科学决策，指挥时就会"乱弹琴"，协调不到点子上。

一把手应掌握多方面的知识，不仅要有自己专业的知识，而且还需要有管理学方面的知识、心理学方面的知识、领导科学知识、伦理学知识、法律知识、历史知识、文学知识、美学知识，尤其应该掌握马克思主义的基本理论知识、党的路线方针政策方面的知识。专业知识要不断更新。在知识结构上，一把手不是单一型的"专才"，而是有专业知识并精通各方面知识的"通才"。在知识结构的弥补上，一要向书本学习，二要向实践学习，要将二者结合，理论联系实际，带着现实的问题学；还要有不耻下问的精神，向专门负责相关工作的同志学习，虚心听取他们的意见，逐渐使自己由外行变成内行。学习要占用一些时间，但学好了，工作按科学化程序进行，工作效率提高了，就会事半功倍，这就是人们通常说的磨刀不误砍柴工。因此，一把手千万不可因为工作忙而放松学习。无论在何种情况下，学习都应该被放到重要的位置。特别是在科学技术日新月异的时代，在新知识迅猛增长的今天，一把手更应该重视学习。

（五）能力素质修养

能力是知识和智力的综合体现，是在实际工作中逐渐形成的，是与人们的各种活动紧密相关、直接联系的。一把手是单位的主要领导者，需要有各个方面的能力。

一把手要具备驾驭全局的能力，一把手如同船上的舵手，在惊涛骇浪中，能不能胜利到达目的地，取决于一把手是否具有足够的智慧和能力。驾驭全局是一项根本性的能力。一把手必须胸中装有全局，切忌只顾某一方面。驾驭全局的能力主要表现在：其一，能抓准各个时期的主要矛盾，抓住一个时期的中心工作；其二，能抓住中心带动其他，使各方面工作协调开展；其三，能调动各个部分的人员的积极性，使其各得其所，聪明才智得以发挥；其四，能啃动单位的"硬骨头"。一般来说，每个单位都有些不服从指挥的人，一把手必须具有使其服气的能力。只有在实际工作中敢啃"硬骨头"，能啃动"硬骨头"，才能树立起牢固的威信，使单位具有良好的风气。

与驾驭全局能力紧密相关的，是组织协调能力、识人用人能力、科学决策能力、分析综合能力、逻辑思维能力、科学预见能力、文字表达能力、口头表达能力、社会活动能力、应变能力等。

对于上述各种能力，一把手要不断地加强。如果某一方面或某几方面的能力较差，一把手一方面应该加强锻炼，另一方面可以借助他人之长来补自己之短，如：某领导由于性格内向，社会活动能力、外交能力差，他除了积极锻炼自己外，还必须选择性格外向、社会活动能力强的同志做自己的副手。

随着改革开放步伐的加快和力度的加大，随着科学技术和经济、社会的飞速发展，对领导者，特别是一把手的要求越来越高。一把手所要思考的问题绝不是上述五个方面所能概括的。笔者认为，这五个方面只是当好一把手的必要条件，而非充分条件。现不揣浅陋地把本文奉献给读者，实为抛砖引玉，希望得到有识之士的补正，以不断丰富和发展领导科学的理论和实践。

（此文刊载于《领导与管理》1992年第1期，此处有删改）

在2013届毕业生毕业典礼上的讲话

张李玺

尊敬的各位家长、各位老师，亲爱的同学们：

今天我们相聚在这里，举行2013届毕业生毕业典礼，这让我想起"相见时难别亦难"的诗句。4年前，在座的各位同学挤过高考的独木桥，选择了中华女子学院；4年后的今天，你们即将走出学校的大门，走向国家机关、企事业单位的不同岗位或去不同的高校深造，前方，有无数的门将为大家敞开。这时，作为站在你们身后目送你们远行的师长，我一方面为你们能够在史上"最难就业年"顺利毕业、就业而鼓掌、祝福，另一方面，内心满是牵挂。走出去的你们，将会成为学校散落在社会上的一张张"名片"，去宣传学校和检验学校。

今天，是个有纪念意义的日子。你们是最后一次以女院学生的身份坐在这里，而我也是最后一次以校长的身份在毕业典礼上讲话。正因如此，我希望这最后一次的毕业讲话更像是一场师生间的促膝谈心，把我自己在学习和工作上的点滴感受，作为临别赠言送给你们。

一、博采众长　学无止境

今天的你们，一次次地让我回忆起自己曾经的求学生活。

1977年，中国恢复了高考制度，那时我24岁，在一所中学里教书。面对着一份稳定的职业，我下不了去拼一把的决心，也看不到考大学有什么用。我至今都感谢我的几位中学恩师，是他们告诉我，"知识永远都会有用"；是他们的催促和教导，使我有了勇气和我的学生们同时走进考场，最后从大西北走进北京大学。在大学学习的4年，我领悟了学术的尊严，学会了独立思考，体会到何为人品磊落，这4年对我的一生产生了重大影响。40岁时，在社会工作系的教学让我觉得自己知识不足，在学校的支持下我考取了香港理工大学的研究生，经过近8年"抗战"，2002年终于完成硕博连读，拿到了博士学位。今年，我60岁了，上个月去哈佛大学进修，短短两周的学习经历，却成为我刻骨铭心的记忆。因为在哈佛大学的学习不是被动接受，而是基于大量阅读、讨论的主动学习和自觉思考。面对来自27个国家的同学，由于语言和知识面的限制，在交流中我遇到了许多尴尬和难堪，更深深体会到什么叫危机感，什么叫不进则退，我再一次体会到了"学无止境"。

亲爱的同学们，由于时代的原因，我们这一代人的求学之路不比你们顺遂。现在，不论是教育事业的迅速发展，还是你们自身在年龄、信息技术掌握方面的优势，都为你们的学习和进步提供了机遇和条件。学校也努力通过开设"名师讲堂""大使论坛""女企业家论坛""博雅课程"等，为你们创造广泛涉猎、博采众长的机会。请大家记住，不论何时何地，环境和年龄都不是不学习的借口，不要停止学习。学习，能够让思考不简单化，思维不固化，思想不僵化；学习，能够为我们适应职场、提升职业转换力、发展事业提供源源不断的动力。要在学习中培养世界眼光和开放胸襟，要不断拓宽知识面、改善知识结构，要努力实践所学，做到"知行合一"。

二、德才兼备　根深叶茂

20多年前，学校还在地安门附近，只有一个小院、一座楼。我刚踏进校门的时候，心里落差也非常大。我当时面临的情况是要么留在北京，在这所"小"大学里工作，要么夫妻继续两地分居，所以也是没有选择的选择。但我想，既来之则安之，认认真真教书是一个教师的基本道德和责任。1995年，学校更名为中华女子学院，迁到今天大家所在的校园，那一年联合国第四次世界妇女大会在北京召开。开会期间，我负责引导各国妇女代表参观新校园，她们对于中国妇女教育受到国家重视、发展迅速非常感慨。那时，一种自豪感使我更加热爱这所已与我朝夕相处多年的学校。之后，学校又经历了一个跨越发展的时代。1996年，开始招收普高本科学生；2002年，转制为普通高等学校；2003年获得本科学位授予权；2005年通过教育部本科教学水平评估；2012年，获批成为硕士专业学位研究生培养试点工作单位。20多年来，我们这一批人，眼看着学校一步一个台阶、一步一个脚印地发展到今天。我想说，有很多时候人并不能爱一行、干一行，那我们就做到干一行、爱一行。如果我当时看到学校的情况，干几年就跳槽，如果更多老师也因这样的想法而离开学校，如果学生们不选择这所学校的话，我想学校一定不会像今天这样。这就是为什么很多老教师说起学校，就像在说自己一手带大的孩子。之所以对它饱含深情，是因为老师们把最美好的青春年华、最年富力强的光阴留在了这片热土上，把自己毕生的理想和追求与这所学校的发展壮大紧紧联系在了一起。

我很欣慰，今年对2012届毕业生的调查显示，我校毕业生半年后的失业率在降低、半年后的离职率在降低，这说明我们的往届毕业生已经把这种扎实、踏实、务实的传统带到了工作、生活中。对于即将走上不同岗位的你们，我的建议仍然是：请珍惜你的第一份工作，尊重自己的职业，忠诚自己的事业，认同自己的岗位。这种道德层面的非专业素质，恰恰是用人单位极为看重的。希望大家毕业后向实践学习，向错误学习，向同事学习。干一行、爱一行，干一行、干好一行，在为社会作出贡献的同时，也成就自己。

三、胸怀坦荡　至爱无疆

"至爱"是八字校训中排在第二位的词，它的位置说明了学校对这种品格的看重。熟悉校史的人都知道，建设中华女子学院这一过程本身就是一个写满爱的故事。当初，我们的名誉校长陈慕华大姐号召全国妇女一人捐一元钱，先后筹集资金1.7亿元来建设这个新校区。在图书馆建设初期，社会各界人士积极捐书，相信大家在图书馆阅读时，经常会在图书扉页上看到我们对捐书人的致谢。这样的故事还有很多：我们一位老师的母亲，向学校捐赠了她毕生的积蓄，因为她是我们的校友；我们有不少老师，除了在课堂上传道、授业、解惑外，一直通过学生处匿名资助困难同学，默默关心、帮助大家成长。多少年来，学校没有一名同学因生活困难辍学，这背后是学校、是老师、是社会中爱的力量在传递。

老师们也深切地感受到了来自你们的爱的回应。下雨了，老师下课走出教室，看见几个学生在教室门口拿着雨伞等她；天凉了，老师收到了班里的学生一齐动手编织的围巾；过节了，老师的手机被来自你们的祝福电话"打爆"了。除此之外，关爱社会弱势群体，利用课余时间去养老院和打工子弟学校做义工，毕业后选择到西部、到基层、到祖国最需要的地方去做志愿者……你们以不为一己之私、敢于承担社会责任的行动诠释了自己对"至爱"的理解。用生命影响生命，用爱传递爱。女院的"爱"是"给予"，是丝毫不期待等值交换的自我付出，是包容、信任，充满希望和正能量。

同学们，你们目睹了学校的每一点变化。愿你们永远记住在中华女子学院的生活。我们所有老师，祝你们在新的人生旅途上一路平安、一路收获、一生健康、一生快乐。

同学们，再见。谢谢大家！

后　记

比天空更广阔的，是人的心灵

这部关于中国的国家女子高等学府——中华女子学院的第一任院长回春茹、第二任院长张李玺的传记画上了句号，而在书外，两位大学女校长的人生故事还在向前延伸着。回春茹校长对她所投身的老年教育，近年来又提出了"把老年大学办到农村去、办到农民的家门口去"的新目标。农村、农业是国之本，建设平衡发展的城乡关系是当今时代的重大主题。老年大学为农村服务、为农民服务，真正做到了把握时代先声、开社会先风。张李玺校长在妇女教育、妇女研究、现代女性领导力领域继续贡献着力量，在国际视野中着力彰显中国妇女的主体性。大关怀之下才有大视野，扎根社会、扎根人民是不断创新的源泉。两位大学女校长身上折射的，是在中华人民和国成立后成长起来的新一代女性的特有风貌。

从孩童、少年到青年，她们在广阔的天地里成长。她们聪敏好学，积极向上，敢于担当，胸怀人民。她们与祖国一同经历风雨洗礼、社会变迁。纵然风云变幻，她们仍然正直、向上，在锤炼中不断成长。或许有因缘际会，但更多的是品性使然，她们的职业生涯与教育事业结下了不解之缘。

她们站在时代前沿，胸怀家国社会，以高度的责任感对时代挑战、前沿课题用心钻研,以信仰为指引,实事求是,吸收古今中外的优秀成果,深入实践,探索出具有时代价值的成果。从普通教师到一把手,她们的事业历经一次次跨越,她们凭借执着追求、才干智慧攀登了一个个高峰。时代将凝聚着党和政府的关心、凝聚着全国妇联和学校几代人的心血、凝聚着学校几代人的智慧的中华女子学院院长的责任与使命交付给她们。

女性话题在今天是一个热门话题,在"做更好的自己""新女性的成功密码"之类的流行语中,中华女子学院的女学生带来让人耳目一新的景象:她们在科技竞赛中拔得头筹,在运动赛场上取得佳绩;她们是校园中的"崇德之星""博学之星""自强之星""公益之星",是奥运会颁奖礼仪志愿服务队队员,是中华人民共和国成立60周年国庆阅兵式方队队员;她们是地震灾区前线的志愿者,是创业大学生,是扎根农村、服务乡亲、共谋发展的大学生村官……她们的开阔视野、社会担当、积极进取,她们的自尊、自信、自立、自强,展现出中国青年女性的新面貌。不一般的跨世纪女性人才,来自独具特色的女子学院教育模式。回春茹、张李玺两位女子学院的带路人,在先后各10年、共计20年的跨世纪征程中迎接挑战、大力开拓,与领导班子一道,克服艰难险阻、改革创新、不断爬坡、追求特色、勇创一流。干部队伍拼搏创新,教职员工进取奉献,女院人走出了一条女性人才培养的特色之路,为世界带来女性人才培养的中国智慧。

她们以实践诠释了颇具特色的领导与管理之道。她们尊重人、关心人、团结人、凝聚人,融情入理。她们既把握方向、总览全局,又精细管理,从大处着眼、小处入手;重制度,重规范,重文化品位。

她们相信团队的力量，她们追求共同的事业。有效的管理，源于她们坚定的信仰和民主、平等的价值观。她们有一个很重要的特点，那就是：心平气和，胸怀坦荡，善于听取意见，善于凝聚大家的智慧。她们肩负重担，但遇事心平气和，从尊重人出发，不断地对自己提出更高的修养要求。正如回春茹在中华女子学院的一次会议上与全校师生交流时说的："比天空更广阔的，是人的心灵！"她们用行动诠释着女性领导力的深广内涵。

两位女校长数十载的求索与努力，带给人们深深的思考：什么样的教育，才能真正让青少年成人成材？什么样的教育，能培育女性的主体性，能托起"妇女能顶半边天"的梦想？什么样的教育，能贯彻以人民为中心的思想？什么样的教育，能经受住时代的检验，撑起社会的未来？

教育是太阳下最光辉的事业，两位女校长的人生，与万千青年学子的成人成材梦相连，与一座女性人才摇篮的筑造相连，与中国的妇女事业、教育事业相连。她们全心全意，鞠躬尽瘁。是大爱赋予了她们力量与智慧，是责任与担当赋予了她们力量与智慧，是信念与信仰赋予了她们力量与智慧！她们的追求与努力，闪烁着时代光华。

作为一名从事妇女与传播研究的大学青年教师，能有机会写作这部传记、讲述两位大学女校长的故事，我深感荣幸。在进行传记写作的这几年间，孩子年幼、我的专业研究也处于探索阶段，两位大学女校长的知行故事给我以全方位的启迪。

自2012年7月底的一天，与回春茹、张李玺两位女校长共坐一桌、讨论这本传记写作起，已经过去5年了！在传记写作的过程中，我进行了近20人次的访谈，查阅了与两位女校长及中华女子学院办学相关的上百份文献资料。传记能够完成，得益于诸多师长、同仁的帮助、关怀与支持。感谢回春茹、张李玺两位女校长，感谢接受我的采访的各位师长：李意如、贾秀总、逄东励、郑伟功、古芬芬、张英智、朱东武、赵燕萍、郑先祥。

感谢北京东方妇女老年大学副校长贾秀总教授付出大量劳动，对我的写作给予了非常宝贵的建议和大力的帮助。

感谢中华女子学院赵浩老师、档案室赵爱琳老师，北京东方妇女老年大学王彤老师、张琳琳老师对资料收集工作的帮助。感谢中国传媒大学媒介与女性研究中心2013级硕士研究生李夷白同学提供的帮助。

这部传记属于中国传媒大学前任校长刘继南教授主持的"完善中国现代大学制度视域中世界女子高等教育及大学女校长研究"课题的成果，是"世界大学女校长·女子大学"丛书中的一部。衷心感谢刘继南教授的指导与教诲。

感谢中国人才研究会妇女人才专业委员会原会长马延军的支持与关心。感谢中国传媒大学、联合国教科文组织"媒介与女性"教席主持人、中华女子学院院长刘利群教授对这部传记写作的支持和关心。

感谢本书策划编辑、中国传媒大学出版社李水仙博士几年来为这部传记的出版做出的不懈努力。感谢编辑们的辛勤细致工作。

回春茹、张李玺两位女校长前后接力、传承发展，可谓谱写了一段佳话。她们有共同的精神，又有各自的特质。在本传记写作的前期，由我拟写了初稿；2014年阮婕好老师加入本传记写作工作。为了更好地呈现两位女校长的风貌，我们进行了分工，由我写作回春茹校长传记部分，由阮婕好老师写作张李玺校长传记部分。引言、尾声及后记由我写作。感谢阮婕好老师发挥的重要作用。

　　这部传记为教育领域的工作者而写，也为广大女性而写，为青少年读者朋友而写。书中的不足之处，敬请方家批评指正。

　　　　　　　　　　　　　　　　　　唐觐英谨记

　　　　　　　　　　　　　　　　　　2017年盛夏于北京

图书在版编目(CIP)数据

回春茹 张李玺：中华女子学院院长/唐觐英，阮婕妤著．—北京：中国传媒大学出版社，2017.7

ISBN 978-7-5657-2051-2

Ⅰ．①回…　Ⅱ．①唐…　②阮…　Ⅲ．①回春茹－生平事迹　②张李玺－生平事迹
Ⅳ．①K825.46

中国版本图书馆 CIP 数据核字（2017）第 123209 号

回春茹 张李玺——中华女子学院院长

HUICHUNRU ZHANGLIXI——ZHONGHUA NVZI XUEYUAN YUANZHANG

著　　者	唐觐英　阮婕妤
策划编辑	李水仙
责任编辑	李　莉　张　玥
特约编辑	陈　默　沈梦绮
封扉设计	创意源文化艺术

出版发行　**中国传媒大学**出版社

社　　址	北京市朝阳区定福庄东街 1 号　邮编：100024
电　　话	86—10—65450528　65450532　传真：65779405
网　　址	http://www.cucp.com.cn
经　　销	全国新华书店
印　　刷	三河市东方印刷有限公司
开　　本	670mm×970mm　1/16
印　　张	16.75
字　　数	195 千字
版　　次	2017 年 11 月第 1 版　2017 年 11 月第 1 次印刷
书　　号	ISBN 978-7-5657-2051-2/K · 2051　定　价　69.00 元

国家出版基金项目　教育部人文社科重大委托项目

探寻世界女子高等教育的发展轨迹　展现大学女校长的治校理念与风采

"世界大学女校长　女子大学"丛书

总顾问　陈至立　　主编　刘继南

丛书涉及 23 个国家的女子高等教育　34 个国家 80 余位大学女校长

吴贻芳——金陵女子大学校长

谢希德——复旦大学校长

常沙娜——中央工艺美术学院院长

庞瑶琳——北京化工学院院长

陈乃芳——北京外国语大学校长

回春茹　张李玺——中华女子学院院长

山红红——中国石油大学校长

胡大白——黄河科技学院院长

秦　和——吉林华桥外国语学院院长

包德明——台湾铭传大学校长

钟期荣——香港树仁大学校长

成嘉玲——台湾世新大学校长

阿丽扎·申哈——以色列厄梅克学院院长

戴·叶布瑞——澳大利亚麦考瑞大学校长

居尔松·萨拉莫——伊斯坦布尔科技大学校长

杰奎琳·里博格特——美国埃莫森学院校长

克里斯汀——冰岛大学校长

坤仁·苏查达·吉拉南——泰国朱拉隆功大学校长

玛利亚·埃莱娜·纳扎雷——葡萄牙阿威罗大学校长

玛娜娜·萨那泽——格鲁吉亚大学校长

玛维琳娜·秀茨——美国迪拉德大学校长

曼珠·米舍尔——尼泊尔新闻与大众传播学院院长

英格瑞德·莫西斯——澳大利亚新英格兰大学校长

朴东顺——韩国东西大学校长

水田宗子——日本城西大学校长

张蕴礼——夏威夷大学希罗分校校长

朱迪斯·甘丽雅——新西兰梅西大学校长

朱迪斯·伍兹沃斯——加拿大康考迪亚大学校长

朱慧琼——津巴布韦非洲女子大学董事长

澳大利亚大学女校长

大学女书记们

大学女校长们

俄罗斯大学女校长

法国大学女校长

非洲大学女校长

芬兰大学女校长

韩国大学女校长

美国常春藤大学女校长

美国五姐妹女子学院校长

塞尔维亚大学女校长

意大利大学女校长

印度大学女校长

英国大学女校长

中国大学女校长

世界女子大学

美国女子大学

韩国女子大学

日本女子大学

中国女子高等教育

智慧的靓影——世界大学女校长论坛图文集锦

爱读@传媒人的知识库
（For IOS）

微信关注我们

访问我们的主页

丛书相关资源和中国传媒大学出版社信息　网站下载 http://www.cucp.com.cn

世界大学女校长论坛及丛书信息　网站下载 http://lady.163.com/special/sense/nvxiaozhang.html